The Next World Order

"DAIKYOKO"IGO NO SEKAI
By HAMADA Kazuyuki

Originally published in Japan by Kobunsha Co., Ltd., Tokyo.
Chinese(in simplified character only) translation rights arranged with Kobunsha Co., Ltd., Japan
Through THE SAKAI AGENCY and Beijing Kareka Consultation Center.
Simplified Chinese translation rights

shiwenbooks

没有超级大国的世界

是多极化，还是霸权复兴？

[日]浜田和幸 /著　庞婷婷　陈雪 /译

重庆出版集团
重庆出版社

版权核渝字(2009)第 002 号

图书在版编目(CIP)数据

没有超级大国的世界？/(日)浜田和幸著；庞婷婷，陈雪译．—重庆：重庆出版社，2009.3
书名原文："DAIKYOKO"IGO NO SEKAI
ISBN 978-7-229-00482-8

Ⅰ．没… Ⅱ．①浜… ②庞… ③陈… Ⅲ．金融危机—研究—世界
Ⅳ．F831.59

中国版本图书馆 CIP 数据核字(2009)第 027261 号

没有超极大国的世界？
[日] 浜田和幸 / 著
庞婷婷 陈雪 / 译

出 版 人：罗小卫
策　　划：百世文库 shiwenbooks
责任编辑：熊海群 彭丽莉
特约编辑：李明辉
责任校对：何建云
封面设计：阿　元

重慶出版集團
重慶出版社 出版
(重庆长江二路 205 号)
北京朗翔印刷有限公司 印刷
重庆出版集团图书发行公司 发行
邮购电话：010-84831086 84833410
E-MAIL：shiwenbooks@263.net
全国新华书店经销

开本：787mm×1092mm 1/16 印张：12 字数：91 千
2009 年 4 月第 1 版 2009 年 4 月第 1 次印刷
定价：33.80 元

Contents
目录

Chapter 1 第一章 逐渐失去世界霸权的美国
The Lost World of Money Games

Chapter 2 第二章 美元暴跌和世界货币多极化
The Collapse of the Dollar

Chapter 3 第三章 危机会以最坏的形式蔓延吗!?
The Worst Scenario

Chapter 4 第四章 回天乏力的华尔街金融风暴
The Wall Street Stampede

Chapter 5 第五章 愤怒吧,市民们!他们是同伙!
They Are All Cronies

Chapter 6 第六章 油价高涨的背后 Behind the Scenes

Chapter 7 第七章 中国经济也面临衰退？ China on the Rope

Chapter 8 第八章 印度、俄罗斯与新冷战
India, Russia, and the New Cold War

Chapter 9 第九章 美国的反击
The Empire Strikes Back

Introduction
序言

2008年9月,雷曼兄弟公司的破产引发了世界金融危机。随之而来的便是美国华尔街的全线崩溃。目前为止一直被誉为世界金融风向标的美国前五位投资银行,或破产或转为银行控股公司,在危机中无一幸免。所谓的投资银行商业模式已经成为历史。

除此之外,全球最大保险巨头美国国际集团(AIG)也濒临破产,将由美国政府正式接管。美国最大的储蓄银行华盛顿互惠银行同样难逃被收购的命运。9月29日美国国会众议院否决了布什政府提出的金融救援方案后,纽约股市出现暴跌。道琼斯工业平均指数与上周相比历史性地狂跌777.68点,以10 365.45点收盘。单日跌幅大大超过2001年“9·11”恐怖袭击事件后的684.81点,创下历史单日最大跌幅记录。

危机更进一步地在蔓延。此后,虽然金融救援方案获得通过,但却无法阻止股市的暴跌。道琼斯指数最后跌破万点,受其影响,全球股市纷纷下跌。东京股市日经股指也跌至1万点重要关口之下。继美国之后,欧洲金融机构接连告急,各国政府面临着越来越大的救市压力,不得不纷纷注资,提供资金援助。

然而,我们眼下遇到的已不只是金融危机。随着经济形势从信用收缩、资本损失发展到借贷困难,80 年前的经济大萧条很有可能会再次来临。等待我们的是一场猛烈的暴风雨。

2008 年 7 月 31 日,美联储前主席艾伦·格林斯潘发表言论表示这有可能是一场百年不遇的危机,对经济发展前景深感担忧。

爆发于 1929 年的经济大萧条极大地改变了当时的世界格局。1929 年 10 月 24 日(星期四),华尔街股市暴跌(黑色星期四)导致美国经济衰退,随后波及世界主要资本主义国家,全球经济一度陷入困境。

1929 ~ 1932 年间,美国股价下跌近 80%,工业生产萎缩至 2/3,失业人数高达 1 200 万人。银行相继破产,被关闭的有 1 万多家,1933 年 2 月银行最终停办所有业务。在此期间,世界贸易量下降 70%,各国人民收入也减少了 40%以上。

大萧条爆发之前,世界主要资本主义国家都处于第一次世界大战后的全球化进程,一直维持着自由经济体制,结果不得不转变为集团经济模式。后来,德国、意大利、日本等国的法西斯军国主义渐渐抬头,最终引发了第二次世界大战。

可以说,战争成为当时解决大萧条的唯一途径。美国国内,有些学者否认 1929 年的大萧条源于华尔街。

那么,我们现在面临的第二次经济大萧条会不会就不仅仅是长期衰退,而会成为某个国家发动战争的导火线呢?此次金融风暴极有可能发展成为能源和粮食危机。空气中弥漫着浓重的火药味。

1990 年冷战结束后,全球化趋势逐渐加强,由美国主导的新自由主义、市场原理主义等经济模式在全球范围内迅速扩展,不仅深深影响了日本,而且还促进了世界经济的蓬勃发展。

2002 年 1 月,美国历史学者保罗·肯尼迪高调宣扬美国超级大国的优势。他认为美国在军事、政治、经济、文化等各个领域都具有压倒性优势,甚至超越了古罗马帝国。

但这实质上是资本无穷递增的金融资本主义,市场是投注资本的赌场。仅仅6年的时间,外汇市场崩溃,IT泡沫、房地产泡沫等都接踵而来,最终造成了金融资本主义的瘫软。

一直被视为市场主要推动力量的投资银行逐个消失,对冲基金也有相当一部分濒临破产。新自由主义受到了质疑,并面临着极大挑战。

可以说,如果今后新自由主义经济无法得到修正,全球化进程就有可能受阻,被看好的金砖四国(BRIC)诸国的发展也会陷入停滞不前的局面。那么,深受美国市场原理主义影响的日本无疑会受到直接冲击。

世界经济的未来之路究竟会走向何方?将会是美元崩溃、美国失去其世界霸主地位吗?必将到来的无超级大国的世界又将以怎样一种崭新面貌展现在我们面前呢?

这时恰逢美国总统换届选举,奥巴马成功当选为新一任总统。他聪明地打起"变革"旗帜,力主改革美国的经济格局和价值观念。目前全球陷入经济衰退,前途一片渺茫,如何准确预见未来就显得尤为重要。

2008年11月

浜田和幸

华尔街已不再是世界金融中心

华尔街是世界公认的金融中心。

但是,2008 年 9 月雷曼兄弟公司的破产引发金融风暴后,美国政府投入大量资金救市,华尔街世界金融中心的地位渐渐开始动摇。

美国政府提出的金融救援方案一度遭国会众议院驳回,但其高达 7 000 亿美元的总额着实令人震惊。这相当于日本一年的国家预算。全球最大保险巨头美国国际集团(AIG)、美国抵押贷款业巨头房利美(Fannie Mae,联邦国民抵押贷款协会)和房地美(Freddie Mac,联邦住宅贷款抵押公司)等相继由政府接管后,可以说美国主要的金融机构几乎全被收归国有。

至此,华盛顿哥伦比亚特区已取代纽约的华尔街成为世界金融中心。

美国一贯标榜自由贸易和金融自由化，并视其为世界各国的黄金法则。近年来日本实施了一系列改革，如桥本内阁取名于宇宙大爆炸理论的“金融大爆炸”式改革设想、缓和金融规制、邮政民营化等。在这些改革的背后，我们经常可以感觉到来自于美国的无形压力。然而，美国自己却采取金融机构国有化举措。

除此之外，美国还向中国不断施压，敦促中国加快市场自由化和开放程度，要求人民币升值。可是美国如今的一些举措却完全违背了它此前奉行的自由市场理念。

2008 年 9 月 16 日，华尔街陷入极度混乱时，在华盛顿著名布鲁金斯研究所（Brookings Institution）召开的研讨会上，有一位中国记者提出了这样的质疑：不顾一切救市的美国今后将以什么姿态来要求中国开放金融市场呢？

出席研讨会的美国财政部某高官无言以对，只能以原则论为借口，蒙混过关。

美国现在已是垂死挣扎。正如中国记者所指出的那样，美国没有理由强迫别的国家实行市场经济自由化。试问一个因金融政策失败而不得不将金融机构收归国有的国家，怎能强行要求别国推行私营化、加快市场开放进程呢？

有能力提供资金救助的仅剩美联储

2008 年 10 月 3 日，美国政府提出的金融救援方案终于在国会众议院获得通过。但这并没有扭转不利趋势，世界金融市场依然动荡。

纽约股市道琼斯指数连日来狂泻，全球股市普遍性暴跌。结果道琼斯指数、日经指数接连跌破万点关口。

欧洲、俄罗斯、新加坡等地股市也相继全线崩溃。俄罗斯莫斯科股市遭遇重创，下滑近 20%，为阻止股市崩盘，政府一度被迫关闭所有交易系统。10 月 8 日，英国政府为避免金融危机带来的动荡，提出了注资金额最高达 500 亿英镑的救市方案。

英国政府将在一定条件下通过购入优先股的方式注资银行业，受惠对象除英国八大银行，如汇丰银行（HSBC）、苏格兰皇家银行（RBS）、巴克莱银行等，还包括英国境内的外资银行。

从效果上看，该救市计划等同于将英国银行业部分国有化。与美国着眼于动用公共资金来收购不良资产相比，英国政府的做法可谓棋高一筹。

【 表 1:各国股票行情动向 】

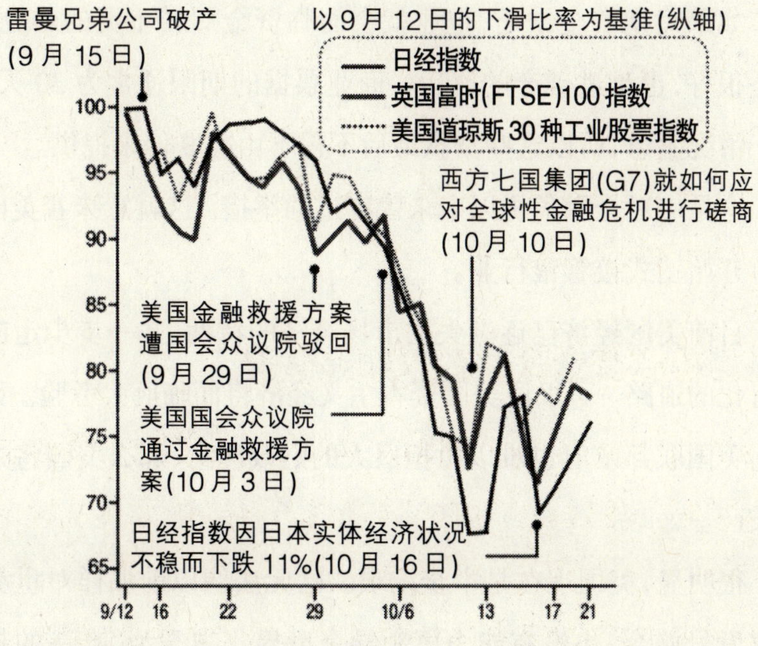

事实上，美国的金融救援方案并没有采取政府直接注资金融机构的举措，结果令市场大失所望，股票纷纷被抛售。

但是，受次贷危机影响，美国政府债务飙至10兆美元。为解决这一难题，据估算可能还需2兆甚至5兆美元。华尔街显然已陷入全线崩溃。

金融危机正进一步向实体经济蔓延。

金融危机导致资金流动不畅，除金融机构外，各产业也相继陷入财政窘境，经营困难。美国众多州和地方自治体债台高筑，其中有些已处于破产的边缘。加利福尼亚州赤字频频，正濒临破产，州长阿诺德·施瓦辛格已向联邦政府申请了紧急援助。

一般来说，企业短期筹措资金主要通过商业票据(CP)担保来向银行贷款。但金融危机导致借贷困难，商业票据市场几乎受到毁灭性打击。

如果短期资金缺乏，企业就会面临资金周转不灵的难题，即使效益很好，也难逃破产的厄运。商业票据的期限通常为30天左右，由于情况紧急，所以这些贷款最后不得不由美联储来提供。

这是应对金融危机以来未曾有过的举措。这就意味着美国联邦政府开始正式接管银行业。

目前美国经济已逐渐失去市场经济的特性，并一步步走向产业国有化的道路。可以说美国资本主义经济将面临巨大考验。如果最后连美国联邦政府也难以负担巨大的财政压力，那么美国将走向国家破产。

很明显，美国现在是举步维艰。已无法像以前那样对世界其他国家发号施令，也没有能力再领导全世界。被誉为“唯一的超级大国”、一直掌握着世界霸权的美国将失去其霸主地位。

同时，美国一贯信奉的民主、自由和人权等价值观念也受到挑战。曾在世界风靡一时的畅销书《历史的终结及最后之人》的作者弗朗西斯·福山在书中这样描绘未来的蓝图：欧美自由主义阵营在冷战中获得了胜利，但终究会走向灭亡。未来的世界会是一个充满自由和和平的世界。如今一切都逆转了。不用说“历史的终结”，“美国的终结”似乎已经到来。

究竟奥巴马新政权能否挽救这一劣势局面？照目前情况来看，可谓困难重重。

新任总统奥巴马也被指收取两大房贷机构捐款

源于美国的这一金融危机被人们称为“大恐慌的前兆”，其影响已波及整个世界。在震源地的美国，联邦调查局(FBI)已着手调查。这次危机的爆发，特定的金融机构应承担重大责任。目前，以雷曼兄弟公司为首的26个公司的管理人员正接受调查。他们一般都涉嫌不正当会计处理、企业内部股票交易、虚报作为贷款对象的不动产的价格。

其中，企业与当权政治家之间不正当官商勾结的行为也由来已久。如美国两大房屋按揭公司房利美和房地美。作为美国房地产抵押贷款巨头的这两家公司均为联邦政府下属的政府资助企业。但去年就已爆出四年间涉及超过50亿美元的会计丑闻。两大公司官员被要求支付515 000美元的罚金和275 548美元的损害赔偿。公司也被处以12 500万美元的罚金。

受到这样处罚之后，去年，房地美首席执行官里查德·赛伦高调宣扬道：与不耻的过去诀别，我们公司已获得重生。虽说如此，他仍拥有3 800万美元的薪金。而且就在该宣言发表不久，又爆出了新的丑闻。依旧是非法融资，结果股价纷纷暴跌。投资家损失近800亿美元的资金。

同样，在首席执行官弗兰克林·雷恩斯任职期间，房利美也重复制造虚假会计信息。雷恩斯曾被任命为克林顿政府的预算负责人，并能从房利美获得11 500万美元的奖金。因涉嫌会计丑闻，他被处以2 600万美元的罚金，而且被没收价值1 560万美元的股票。可他却能轻松支付这些高额罚金。由此可见，非法运用资金谋取利益的行为是无法杜绝的。

美国两大总统候选人奥巴马和麦凯恩，和房利美、房地美也有着很深的渊源。奥巴马从这两大公司获得的巨额政治捐款，在参议员中名列第二。麦凯恩的竞选活动负责人则担任两大公司的顾问，并一直收受高额顾问费。仅这两个公司次级房贷的坏账就达到7 800亿美元。

美国国会通过的7 000亿美元公共资金将用于救助美国国际集团(AIG)和华尔街的金融机构。房屋按揭公司没有成为受惠对象。所以，当前想要重新振兴房地产市场是不可能的。

现在最重要的就是FBI深入调查，查明美国全国金融公司(CFC)、华盛顿互惠银行、AIG、贝尔斯登公司(Bear Stearns)、雷曼兄弟公司等非法金融机构的责任，尽可能地回收资金。这一重要任务将交给新政权来处理。但奥巴马和麦凯恩都被指收取两大房贷机构捐款，从这点来看，两人可谓一丘之貉。

备受期待的FBI调查似乎也将无果而终。

布什父子使美国丧失了超级大国的地位

回想起来,就在 18 年前,当时的美国总统老布什在联邦议会上发表了题为“构建世界新秩序”的演说。

伊拉克入侵科威特 1 个月后的 9 月 11 日(碰巧和“9·11”恐怖袭击事件同日),老布什在宣言中讲到:在唯一的超级大国美国的带领下,我们将迎来一个充满新秩序的世界。冷战结束后,随着另一个超级大国苏联的消亡,美国可以说是自信满满。

“海湾危机为我们齐心协力开辟新时代创造了千载难逢的机会。只要度过这一关键时刻,出现在我们面前的将会是全新的世界秩序。”老布什这样高调宣扬道。

就这样,美国发动了海湾战争。然而,由于老布什没有实施有效的经济政策,经济不断衰退,以至于在 1991 年的总统选举中败给了比尔·克林顿。

成为第四十三届总统的小布什为何没有从父亲那里学到经验教训呢? 在他就任后不久发生了“9·11”恐怖袭击事件。他以此为契机攻打阿富汗,并于 2003 年 3 月发动了伊拉克战争。

当时,人们都认为即使是超级大国的美国面对巨大的军费开支,肯定也难以保证经济的持续增长。

可是,经济并没有因此而受到影响。不仅如此,美国经济还空前繁荣。国内房地产价格一路飙升,股价也直线上升。

2001 年布什政府新成立时的道琼斯指数跌到了 1 万点以下,然而在 2007 年次贷危机爆发之前竟突破 14 000 点大关。这只能称之为奇迹,但反过来看完全是一种泡沫经济。

这种泡沫经济是在房价上涨和运用金融工程学手段形成的金融衍生品的催生下产生的。但是，别说是日本泡沫经济崩溃，就算美国，房价也不可能无止境地上涨。据国际清算银行(BIS)统计，金融衍生品的规模已由2002年的100兆美元扩大到了2008年的750兆美元。

美国国家预算是3兆美元，GDP是15兆美元。全世界股票和国债的发行余额为100兆美元。此外，全球不动产价值为75兆美元。与这些实体经济相比，假想金钱世界的金融衍生品已经超出人们能够控制的范围。

2008年9月25日，德国财政部长施泰因·布吕克在德国议会上发表了具有划时代意义的演说。他列举了作为世界金融危机元凶的美国资本主义模式，并指出世界面貌会因金融危机而改变。美国将失去其在世界金融体系中的霸主地位，世界金融体系会更进一步朝着多极化的方向发展。

虽然正因为是德国人他才说了上面这番话，但日本的政治家也应有发表这样言论的勇气。

施泰因·布吕克财政部长强烈批判了美国资本主义模式，斥责银行和企业的高管盲目追求高额利润和巨额奖金的卑劣行为。他还指出纽约、华盛顿、伦敦的投资银行家和政治家从未曾放弃过那些做法。华尔街已无法恢复原样。

历史将会重演。

美国资本家们丝毫没有从1929年爆发的大萧条中吸取教训。由于深陷越南战争，美元贬值，外汇市场不得不转变为浮动汇率制。海湾战争巨额的军费开支导致经济持续低迷，美国政治家们也没有引以为戒。

这次金融危机究竟会给我们带来多大影响,目前我们还无从得知。但有一点可以肯定的就是两位前总统布什父子无视历史,结果导致美国失去超级大国的地位。

信用扩大(即"超级泡沫")的终结

美国金融危机早在2007年夏爆发次贷危机之前就已经开始了。然而,深陷其中的基金经理们即使知道是泡沫经济,也不愿提前收手。因为他们不想放弃一切能够赚钱的机会。

因此,泡沫经济崩溃后,无论谁都坚决狠拼到底。身为投资家的庆应大学研究生院经营管理研究系副教授小幡绩,在其著作《一切经济皆有可能是泡沫经济》中有着非常详尽的论述。

如果被凯恩斯比喻为"美人投票"的股价在某些因素影响下而上涨,那就会引发泡沫经济。而且这种泡沫经济还会在人们侥幸心理的作用下不断膨胀。

这次金融危机中,全球几乎所有的金融机构都逃之夭夭,结果美国政府就成为直接受害者。其实应该说是美国普通民众。所以,当初在议会上就有这样的质疑声:为什么华尔街的债要由广大纳税人来承担呢?结果导致金融救援方案第一次没有被批准。

世界知名投资家乔治·索罗斯早就警告人们次贷危机将会引发泡沫经济崩溃。

他在著作《索罗斯的警示》中这样描述道:经济活动中出现小规模泡沫经济的循环,这很正常。然而这次是战后60年来一直积累形成的"超级泡沫",它的破灭将意味着信用扩大的终结。所以美国短时间内恐怕难以恢复。

正如索罗斯所说的,美元作为世界通用货币的信用膨胀时代已经完结。伴随着美国的衰退,中国、印度以及中东将取代美国成为世界经济发展新的推动力。

然而,次贷危机爆发 1 年后泡沫经济才崩溃。其原因除上面谈到的侥幸心理之外,还在于全球资本家及政治家都低估了风险,认为华尔街不可能会毁灭。一向以零风险、追求绝对利益为卖点的对冲基金,2008 年 7 月以后也有近 400 家公司破产。

实体经济和金融资产之间存在的差值即为经济泡沫

2008 年 3 月大型投资银行贝尔斯登公司的破产是华尔街全线崩溃的导火线。就在几个月前该银行的股价还高达 100 美元,后来竟然仅以 2 美元的价格就被收购了。面对这一异常现象,为避免连锁反应,美联储不得不准备 300 亿美元的巨额资金用于贷款。

尽管美联储已宣布进入紧急状态,美联储前主席格林斯潘也对现状深感担忧,认为这是战后最严峻的挑战,可是美国政府相关人员依然没有引起重视。

但就从此时开始,象征着美国国家威严的美元被疯狂抛售,几乎所有的"美国国债"(Treasury Bonds:10 年期以上,Treasury Notes:2~10 年期,Treasury Bills:不满 1 年的短期债券)都卖不出去。

贝尔斯登公司以这样的结局收场是自作自受的结果。自己仅拥有 800 亿美元的资产,却操控着高达 134 000 亿美元的巨额投资,追求高额利润。这一金额超过美国一个国家的收入,大约占到全球 GDP 总量的 1/4 左右。

这就是新自由主义经济的真面目。它是根据美国市场原理主义形成的经济类型，也可以称为“超级资本主义”、“金融资本主义”、“赌场经济”或“金钱游戏”。

事实上，除贝尔斯登公司外，凯雷资本公司等其他濒临破产的金钱游戏操控者都使出各种金融手段，甚至将金融衍生品扩大到516兆美元。这一金额相当于世界GDP总量50兆美元的10倍以上。

总之，实体经济和金融资产规模之间存在的差值即为经济泡沫。金融资产具有对实物的索赔权。如果这一泡沫不断膨胀，且能兑换为实物，那么地球上实物资产的10倍都将唾手可得。

但这种事情通常不会发生。

因此，这一巨大泡沫就犹如一颗定时炸弹，一旦炸开，后果将不堪设想。

“放弃美国放眼欧洲”也并非万全之策

2008年9月华尔街崩溃之前，美国的银行和基金几乎每个月都有1家破产。美元在2001年创下最高值后一路走低，仅2007年一年就下滑近14%。

因此，有头脑的投资家和政治家应当早就预料到不利的发展趋势。

其实，2007年11月，美国审计总署(GAO)就发表了财政破产宣言。

宣言中提到美国的财政赤字累计已突破53兆美元，恢复的可能性几乎为零。这些都具有相当的冲击力。

2008 年 10 月 9 日，随着国债上升而破表的美国国债钟（该国债钟悬挂于纽约市中心 42 街的时报广场。上面一行显示的是美国负债总额，下面一行为平均每户美国家庭所背负的金额。）因国债已突破 10 兆美元后无法显示完整的正确数字。（图 / 东方 IC）

这是对美国整个国家做出的死亡宣判。

审计总署曾发出严重警告，认为美国的国债赤字和国际通用货币美元将会变成一堆废纸。但布什政府对其完全视而不见。

当今美国首富沃伦·巴菲特、微软公司总裁比尔·盖茨、被誉为“对冲基金之王” 的乔治·索罗斯等一些能预见未来的资本家们，都相继对美元失去了信心。

他们企图将自己的资产转换成欧元或实物。其他众多对冲基金也不甘示弱，争先打入欧洲市场和原油市场。这就造成了 2007 年下半年轰动一时的“美元贬值、欧元升值、油价高涨”的空前局面。

他们最为关注的除欧元外，还有就是欧盟最具实力的原东欧及非洲地区的城市基础设施建设和能源开发工程。欧盟自成立以来，经济规模一直保持增长趋势。2007 年末,15 个加盟国家的 GDP 总量终于超过了美国。

国际经济市场拉开了新旧力量交替的序幕。

但是,华尔街泡沫经济的崩溃给欧盟也带来了极大冲击。世界范围内的信用收缩无法得到控制,危机逐渐蔓延到欧洲。

就在美国金融救援方案遭国会众议院驳回的 2008 年 9 月 29 日,比、荷、卢 3 国联盟决定将比利时最大的金融机构富通集团(Fortis)的一部分收归国有。冰岛政府接管 Glitnir 银行,德国政府也向不动产金融巨头 Hypo Real Estate 提出了援助计划。

很显然,纽约股市暴跌在欧洲引发了一系列连锁反应。英国富时 100 指数的收盘值与上周相比跌了 5.3%,法国 CAC40 指数也下降了 5.04%。英国前首相布莱尔一直以来都唯美国马首是瞻,长期实施新自由主义政策。然而,现任首相布朗继北岩银行(Northern Rock)事件之后,不得不转变政策,决定对 B&B 银行实行国有化。

正如乔治·索罗斯所预言的那样,美国和欧洲都已不再安全。随着中国、印度及中东的崛起,我们会迎来一个多极化世界。这是一个极其扑朔迷离的未知世界。

冰岛国家破产带给我们的启示

受美国金融危机的强烈冲击,不仅银行和企业相继倒闭,有些国家也难逃破产的命运。到 2008 年夏为止一直被人们视为“最适宜居住的国家”的冰岛,正面临国家破产的危险。

仅仅几十年前,冰岛还是欧洲最穷的国家,整个国家几乎都以渔业资源为生。但放宽规制以来,冰岛获得了历史上从未有过的快速增长，不但成为欧洲金融中心，而且还取代挪威成为世界人均收入最高的国家。

冰岛人口仅有31万，医疗与读书都免费。冰岛人以爱读书而享有盛名，人均购书量为世界第一。手机普及率和女性就业率也高居世界榜首。购买房子完全靠贷款，而且不少消费者还喜欢以日元或瑞士法郎等汇率较低的外汇贷款购买住房。军队在冰岛早已被废除。男性平均寿命能达到81岁。所以冰岛一直是人们向往的居住圣地。

可以说是国际银行业造就了冰岛的繁荣。冰岛年轻人都向往去美国学习金融工程学，希望能在纽约、伦敦的舞台上一展身手，实现自己的淘金梦。本地产业都被荒废，他们在金钱万能理念的驱使下，沉醉于谋求更多的投资收益。克伊普辛银行是冰岛最大的银行，它曾在全球发行以日元计价的武士债券，而且还是英国银行债券的最大持有者。

然而，受金融危机冲击，冰岛三大银行全军覆没，由政府全面接管。虽然欧洲各国与冰岛银行一直有合作关系，但由于国内同样面临巨大救市压力，所以拒绝向冰岛伸出援助之手。最后冰岛不得已只能向俄罗斯求助。普京总理慷慨出资，救冰岛于危难，并指责美国和欧洲各国的行为。

美国前总统里根和苏联总统戈尔巴乔夫两人曾在冰岛首都雷克雅未克握手言和。它见证了冷战的结束和苏联的解体。如今，冰岛已渐渐远离西方阵营。金融危机不仅会对经济产生深远影响，而且还有可能改变现有的世界格局。

对于冷战结束以来一直卧薪尝胆的普京来说，这是个千载难逢的机会。因为这意味着俄罗斯将有可能重新统治欧洲。

2008 年 8 月，俄罗斯开始了反击格鲁吉亚的军事行动。如今又企图通过经济渗透的手段控制欧洲。冰岛的国家破产事实上也给日本敲响了警钟。国际货币基金组织（IMF）面对冰岛愈发严峻的形势，最终决定向冰岛提供 21 亿美元的紧急贷款。

失去住宅的美国普通民众的愤慨

此次金融危机很有可能是 1929 年经济大萧条的重复和翻版，普通民众的生活也因此受到很大影响。

在次贷危机爆发之前，他们的经济收入就已急剧减少。2007 年 12 月底，美国居民人均可支配收入的 36%用于食品、能源和医疗方面。

这表明恩格尔系数已降至 1960 年以来的最低水平。根据 2008 年全美饭店业协会的调查显示，快餐行业销售收入与去年相比下滑 54%。关键在于越来越多的美国人都选择自己做饭，尽量减少外出用餐。不仅如此，依赖食品券维持生活的人和社会流浪汉也在逐渐增加。

无力偿还房屋贷款的人们现在只求尽快脱手房子。一旦财产遭冻结，除日常生活用品之外，其余的家具和家电都将被拍卖。很多人因此而家财尽失，最后流落街头。

华尔街全线崩溃加速了事态的恶化，住房贷款危机逐渐蔓延，无论是面向低收入者的次级贷款，还是优质贷款。

原本次级贷款（subprime loan）一般都不能享受利率的优惠条件，所以才在 prime（利率优惠）前面加了 sub 这一前缀。次贷借款人通常是违约风险非常高的客户群，因此年利率大多在 10%以上。不

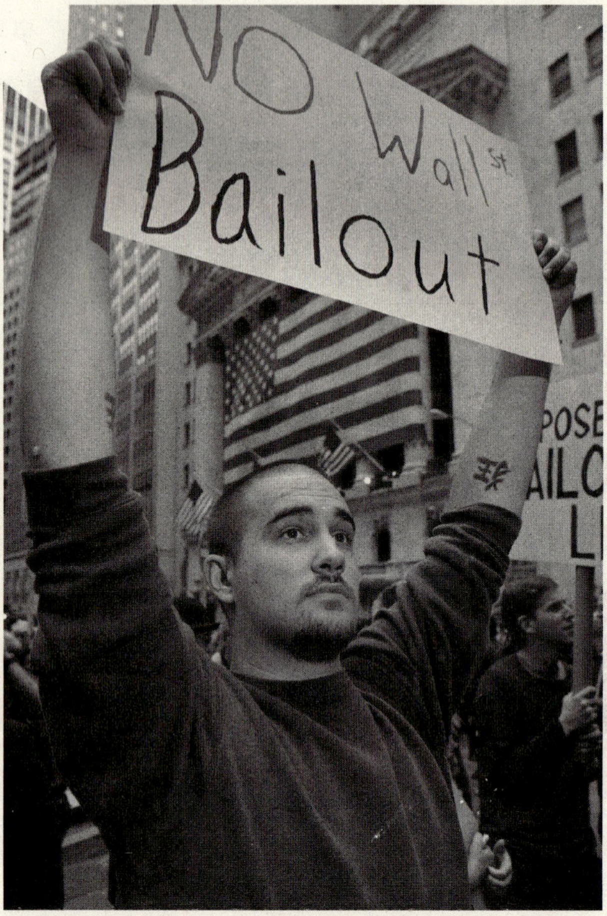

2008 年 9 月 25 日，部分抗议者在美国纽约华尔街集会，反对美国政府救市。（图 / 东方 IC）

过，次级贷款只占到美国住房贷款总量（约 10 兆美元）中的极小部分，大约为 1.3 兆美元。

随着房价进一步下跌，面临破产危险的已不仅仅是次级贷款。房利美和房地美的崩溃使美国住房贷款金融体系丧失了原有机能。危机正在逐步蔓延。

很多美国人错以为自己的资产能在房地产泡沫经济刺激下获

得增长。对于他们来说,靠借贷生活反而是种荣耀。但这只是幻想。一旦幻想破灭,我们还是要面对残酷的现实。

然而,作为幻想制造者的金融机构高层官员,如贝尔斯登公司董事长詹姆斯·凯恩却将自己和妻子持有的公司股票成功高价卖出。

2008年1月,该公司的股价大约为90美元。最后摩根大通仅以每股2美元的价格收购了贝尔斯登。然而,凯恩董事长早就将自己持有的股票以每股10美元以上的价格出让,获得了超过6 000万美元的利润。

这引起了美国普通民众的强烈不满。正因为国会议员深切体会到这一点,所以才导致金融救援方案最初遭驳回。人们纷纷走上街头,手持"华尔街应付出代价"、"应救国民而非银行"等标语进行抗议。

开始担心国民暴动的美国政府

美国普通民众的生活正面临着巨大危机,这极有可能引发内乱。金融危机袭来,不仅仅是金融本身,国家治安也受到了威胁。

就在华尔街全线崩溃的同时,从2008年10月1日起,美国政府开始在本土部署正规作战部队。自南北战争以来,美国特别制定了《警卫团法案》,禁止联邦军队参加国内执法工作。美国政府表面上宣称是为了应对恐怖主义威胁,其实是在担心经济大萧条会造成国内局势动荡。

美国事实上已发生过多次国民暴动。通常以受歧视人群和贫困人群为主。

为了应对可能发生的危机,美国政府这次已经做了充分的准备。

2005年,“卡特里娜”飓风袭击新奥尔良市,市民大肆抢掠,一片骚乱。政府派遣军队全面展开救灾工作。而且,白宫以情况紧急为由剥夺了州长的权力。当时,被派往灾区的美国军队出言侮辱贫困市民,更进一步激化了民怨。

如果同样的事情再次发生,那么美国整个国家都有可能陷入暴乱。因为全国各地都有人失去房子和工作。

冷战结束,全球化进程开始后,在新自由主义经济引导下,美国经济飞速发展。由于新自由主义经济是以市场原理为依据,所以优胜劣汰非常明显。而且胜者一直占据优势地位,所以败下阵来的人变得越来越多。据美国国税局(IRS)的资料显示,美国居民贫富差距正呈现逐年扩大趋势。

从美国国税局2006年度的统计结果来看,占人口1%的最富有人群的年收入大约为国民总收入的22%,这一比例是80年来最高的。2005年时为21.2%,但近年来差距急速扩大。

这与布什政府的减税政策有关。尤其是富人优待政策更进一步拉开了贫富差距。据前面提到的2006年度统计显示,1%最富有人群的税率达到过去18年来的最低值。

如今美国能跨入富人行列的一般有以下三类人。IT产业的企业家,获得巨额利润的金融投资者,或者是通过公开发行自己公司股票和实施员工持股制度来赚钱的企业经营者。特别是有些金融投资者,在最近10年把市场视为赌场,以虚拟经济为对象大玩金融游戏。

他们那些只以利益为目标的卑劣行为引起美国人民的强烈不满。

住房贷款危机、信用危机、失业等一系列问题正摆在人们面前。

他们很有可能会把斗争矛头由金融投资者转向美国政府。

如果美国最后要用军队来解决暴动的话，那么它作为世界超级大国的威严将不保。

将本国失败归罪于他国的总统候选人们

此次美国总统大选受到国际社会的强烈关注。接连失败的布什总统下台后，新任总统将如何挽救千疮百孔的美国，又将如何恢复世界的安定和繁荣。我们将拭目以待。

可是，两大候选人巴拉克·奥巴马和约翰·麦凯恩在竞选中的表现令人们大失所望。2008 年 11 月 4 日，奥巴马参议员获得大选胜利，出任下一届美国总统。但他推出的经济政策完全是针对美国国内。

美国大选预选开始后，麦凯恩参议员成为共和党最有希望的候选人，民主党则是奥巴马和希拉里两位参议员。

但他们三人的经济政策非常相似，尤其是民主党两位候选人的政策完全具有排外性，主张倾听工会意见，排斥外国资本。

希拉里和奥巴马还把美国经济衰退的原因归结于北美自由贸易协定（NAFTA），并指责美国就业机会大量外流到加拿大和墨西哥。而且还要重新定位与韩国、中国、日本之间的贸易关系。

他们这种企图通过贸易保护、市场保护政策来解决目前危机的做法深受质疑。

在这种背景下，大力支持民主党的工会组织发挥了很大作用。面对全国各地工厂相继倒闭、失业人员剧增的情形，他们把责任都推给了自由贸易，以此来博得广大中低收入阶层民众的认同，获取选票。

的确,美国的失业人员已达到 1 400 万人以上,而且还有超过 2 000 万的海外难民和非法劳动人员从事着低薪金的工作。2008 年初,美国已有 130 万人无家可归,1 300 万儿童因贫困而无法正常接受教育。

可是,造成如今这种局面的并非其他国家。以市场竞争机制为理念、推行优待富人等一系列政策的新自由主义才是罪魁祸首。“繁荣下的贫困”这一现象日渐凸显,然而人们对它视而不见。结果谁也没能阻止华尔街的崩溃。

随后爆发了次贷危机,国内经济开始衰退。他们认为,提高本国贸易壁垒是恢复经济、防止就业机会外流的有效途径。但这明显是幼稚之举。

由于长期以来利用海外市场资源,不重视本国教育,结果导致国内实体经济产业衰退。与此同时,一旦金融体系崩溃,那么无论什么政策都将回天乏力。

面临危机政治家率先逃离的国家

贝尔斯登公司破产后,总统竞选逐渐进入白热化阶段,候选人也开始意识到华尔街崩溃带来的严重后果。

美国经济每况愈下,如何扭转这一不利局面就成为总统选举的一大焦点。其具体策略也受到人们广泛关注。

但是,次贷危机、经济衰退的出现,除政治原因外,对冲基金也起了一定的负面影响。

很多人指责对冲基金行业应负极大责任,认为正是由于它们追求风险投资,大肆制造房地产泡沫,才导致次贷危机的爆发。

希拉里和奥巴马两位民主党候选人积极主张摆脱金钱游戏的束缚,向有资金困难的中小企业和勤奋工作的个人提供贷款,并强化各类规章制度,以便重新振兴金融体系。

相反,共和党候选人约翰·麦凯恩参议员提出的政策几乎不涉及经济问题,而是一味主张向伊拉克增派兵力。他完全没有考虑美国目前的艰难处境,甚至认为为了美国国家利益,有必要在伊拉克和阿富汗继续驻军 100 年。

由于国家预算的很大一部分都被用于反恐和伊拉克战争,美国国家财政面临巨大压力。美国审计总署(GAO)对此已经束手无策,自布什政府成立以来,新增财政赤字超过 3 兆美元。尽管如此,麦凯恩竟然还要求增加军费开支,真是匪夷所思。

如今,无论谁接替布什政权,都已无法挽救美国这艘沉船。

贝尔斯登公司破产导致美国国债积压,美联储连日来紧急加印 25 亿美元的纸币用于度过危机,希望在总统选举结束之前能保持经济良好稳定的发展势头。

这完全符合华盛顿当权者们的意愿。

布什总统肯定也不愿看到在自己任期内爆发危机。

副总统切尼更是急于逃离美国这艘沉船,把自己拥有的所有资产 2 500 万美元全部转换成欧元。这充分暴露了人性自私的弱点。竟然连副总统都已放弃,那么还有谁能拯救这个国家的未来。

美国国债“AAA”这种奇怪的评级方式

就在华尔街崩溃前夕的 2008 年 7 月 28 日,美国政府发表了白宫行政管理与预算局（OMB）关于2009会计年度财政赤字的报告书。据该报告书统计显示,财政赤字已刷新历史记录,达到4 820亿美元。

这一金额已经相当庞大，如果再加上救助金融机构的费用,那么财政负担的压力将难以想象。

该报告书还表明,为刺激经济而采取的紧急减税政策也导致国家财政收入的减少。事实上,美国2008年度第一季度的经济增长率只有1.0%。

尽管如此，布什总统还是再三强调美国经济仍保持增长趋势。伴随着原油价格高涨、房地产市场长期低迷、信用破产等问题愈演愈烈,布什总统经济基调强健的言论显然欺骗了广大民众。

美国财政赤字日益增长的趋势降低了国债的安全性。如果国债暴跌,且美国政府不能加以有效控制,那么美国只能宣布不履行债务。而且AAA评级的国债也就没有任何意义。美国国债会变成一堆废纸。

关于美国国债的评级方式,其实已经有经济学家指出它的不合理性所在。但是,出于政治方面的原因,美国国债无法降低等级,所以只能一直延续使用现在的评级方式。

但是,世界各国都对美国国债的安全性产生了怀疑。例如,2008年3月,韩国国家养老金服务(NPS)发表声明决定停止购买美国国债。作为世界第五大养老基金的NPS拥有2 200亿美元的资金。韩国已逐渐进入老龄化社会,人们对养老基金投资收益的要求变得越来越高。如果资金无法得到有效合理的利用,就会引起公众的强烈不满。

NPS的负责人认为，美国国债严重贬值，如果不转变政策，很有可能会遭受重大损失。所以有必要寻找新的投资对象。对于安全性不高的美国国债，他们已决定不再购买。

拥有美国国债却没采取任何行动的日本

2007年6月时的美国2年期国债的收益率大约在5%。当NPS发表声明决定停止购买美国国债时，其收益率已迅速跌至历史最低水准的1.77%。

国债价格受股价影响，股价下跌时国债价格会上涨。在美国股价创下历史最大降幅的2008年9月29日的第二天，2年期国债收益率涨了25.9个基点，至1.97%，10年期国债收益率上涨近21个基点，至3.84%。

随着收益率不断下滑，除韩国外，其他各国的金融机构和政府也都不愿继续持有美国国债。

结果，亚洲各国的金融负责人希望通过相互购买国债的方式来建立新的金融体系。

美国国债的最大持有者是日本，大约有6 000亿美元。这一巨额赤字投资占到日本预算的80%左右。

此外，近年来中国也在大量购买美国国债，大约有5 000亿美元。这意味着日本和中国掌握着美国的生杀大权。只要有一方放手，美国就会遭受毁灭性打击。

但是，日本国内没有一个政治家打算放弃美国国债，一直唯美国马首是瞻。为了和美国共命运，日本还在不断购买国债。

相反，中国已逐渐减少美国国债购买量，转而开始购买欧元债。

中国人民银行前任顾问余永定面对华尔街的现状，认为中国、日本、韩国等大量拥有美国国债的东亚各国应进行磋商，以避免因抛售而导致美国国债价格的急剧下跌。

这意味着如果能够防止美国国债价格暴跌，中国政府今后愿意继续持有美国国债以便帮助美国恢复经济。

今后，美国为了筹得救市资金必须大量发行国债，而且美国总统还得游说各国。

除了日本，现在全世界大概没有一个国家再愿意默默持有美国国债了吧。

阿富汗、伊拉克战争失败带来的毁灭性打击

2001 年 9 月 11 日，美国爆发了恐怖袭击事件。这一事件震惊了全世界，至今仍给人们留下深刻的印象。恐怖分子劫持了美国国内客机，撞向纽约世贸中心大楼，导致世贸中心大楼倒塌，近 3 000 人丧命。来到恐怖袭击事件发生现场的布什总统向恐怖主义分子宣战，并断定事件的主谋是伊拉克前总统萨达姆·侯赛因和基地组织头目奥萨姆·本·拉登。

之后，美国迅速采取行动，不仅武力攻击受基地组织和塔利班支配的阿富汗，而且对萨达姆统治下的伊拉克也发动了猛烈进攻。结果，曾经是美国中情局(CIA)联络员的卡尔扎伊出任阿富汗临时政府总统。萨达姆政权被推翻后，伊拉克建立了新的美国傀儡政权，贾瓦德·马利基出任总理。

至此，美国在军费上就消耗了超过 5 000 亿美元。布什总统还夸口说阿富汗和伊拉克的治安正在逐步恢复，民主化进程已步入正

轨。

然而，现实和预想完全相反，两国都陷入了泥淖之中。阿富汗的塔利班势力卷土重来，使罂粟种植死灰复燃。

尽管美军已尽力维持治安秩序，但伊拉克各地仍然处于一片混乱，多次发生人体炸弹恐怖袭击事件。美军死亡人数已超过 4 000 人，精神或肉体上受到伤害的美国士兵也达到 3 万人甚至 10 万人。

军费预算猛涨，用于伊拉克战争的军费开支据说已超过 3 兆美元。虽然投入这么多的人力物力，但伊拉克的局势仍旧不太稳定。2008 年，首都巴格达还发生激烈的民族冲突，死伤无数。

巴格达犹如沙漠中的一座废墟。美军驻留的绿区一带治安还算稳定，但其他区域至今依然动荡不安，水电供应紧张。

美国发动伊拉克战争究竟得到了什么？战争爆发前，美国在联合国指责 9·11 事件的始作俑者萨达姆，并宣称已找到他秘密拥有大规模杀伤性武器的铁证，其实完全是装腔作势。美国因此而威严扫地。

当初和美国并肩作战的同盟国也都纷纷退出，如今只剩下美国在孤军奋战。

美国入侵伊拉克其实是在觊觎伊拉克的石油资源。此外，萨达姆企图将石油美元转换成欧元的做法也让美国十分不满。可以说，发动伊拉克战争完全符合美国国家利益，有利于促进美国军需产业和石油产业的发展。

伊拉克动荡不安的局势加速了美国这艘巨轮的覆没，也给华尔街造成严重冲击。美国实施的政策都没有达到预期效果，其世界超级大国的地位将面临严峻挑战。

19世纪,英国确立了世界霸主地位。产业革命兴起,英国不仅拥有世界上最强大的海军,控制着7大海域,而且英镑还是国际通用货币。可是,一战中英国遭严重削弱,世界霸权由英国转移到美国。于是,美国在20世纪一跃成为世界头号强国。

可如今美国经济一直处于衰退中,反恐战争造成经济疲软,华尔街崩溃使美国遭受毁灭性打击。

作为国际通用货币是美元的一大优势

货币能体现一个国家的实力。

对于国家来说，强大的政治影响力和军事力量固然重要。但是，货币有时发挥的作用却远在这两者之上。例如，冷战结束打破了美苏两大阵营对峙的局面。以美国为首的西方国家笑到了最后。被誉为"隐形导弹"的美元可以说是功不可没。

战场上，侦察机和精密诱导武器的性能起到决定性作用。然而，战斗机和战舰的运转需要大量石油。苏联拥有号称世界上最大的阿塞拜疆巴库油田和西伯利亚秋明油田，石油资源相当丰富。但由于胡乱开采，产量骤减。

因此，苏联入侵阿富汗，企图占领中亚地区的油田。结果被卷入长达 10 年的战争，伤亡惨重，国内也出现强烈的反政府情绪。觊觎的石油还未到手，国内经济已先疲软。如今成为世界头号通缉犯的本·拉登，当时建立了旨在进行圣战的基地组织，训练指挥阿富汗义勇军，通过游击战打败了入侵的苏联军队。

同样，美国为了维持冷战也需要大量石油。不过，美国和苏联不同，除向欧佩克（OPEC）外，还通过各种手段从阿尔及利亚、安哥拉、伊拉克、伊朗、利比亚等与苏联意识形态相同的国家成功获取石油。

在这过程中，作为隐形武器的美元发挥了不小作用。

把石油卖给苏联拿到的是苏联的货币卢布。但卢布不是国际通用货币，所以买不了任何东西。那还不如物物交换，换取苏联生产的导弹和弹药。可是，武器太多也没地方可用。结果，大家都认为与其把石油卖给苏联，还不如卖给美国来换取美元。

这表明，拥有世界上最强政治、经济和军事力量的美元已从美国国内货币发展成为国际通用货币。国际间的贸易活动几乎都用美元来结算。美元逐渐成为美国安定富强的一种象征。

所以，通过发行本国货币，美国可以和世界其他国家进行各种贸易活动。

而且，只要增印美元，贸易收支不平衡就能在一定程度上得到解决。当国内面临经济危机时，强大的美元又可以给美联储实行金融政策提供很大支持。

美元成为国际通用货币，全球范围内的贸易都可以通过美元来结算。所以对于美国来说，这和国内贸易基本相同。

一个国家的国力因贸易收支状况不同会产生很大差异。但只要所有贸易都用美元结算，那就不会出现巨额的贸易赤字。美国一直以来从中获益颇多。

从“广场协议”中吸取的教训

不过,美元全球霸主的地位已经开始动摇。这与1971年美国总统尼克松宣布解除美元与黄金挂钩机制有关。结果,二战后形成的全球货币体系即布雷顿森林体系遭瓦解,但美国还是通过维持其对石油的控制权稳住了美元的地位。

可是,从此时开始世界货币采用浮动汇率制,货币受实体经济的影响越来越大。美元变得极不稳定。

美元作为国际通用货币,是世界各国用来衡量资产和服务价值的标准。全球的资产和服务几乎都先换算成美元,然后再进行比较。但美元就像一根弹簧,也会出现汇率的上下浮动。

影响美元汇率变动的因素有很多。如美国国内的政治、经济、社会局势,美国介入的国际纷争、日益突出的环境和粮食问题。美国通过美元的升值或贬值的方式来调控汇率。

然而,美国仗着拥有强大的政治和军事力量,经常随意调整汇率。这引起其他国家的强烈不满。

回想起1985年,日本被迫签订“广场协议”,日元在很短时间内大幅升值,美元疯狂贬值,结果导致日本外贸收益骤减1/3。美国以美元为武器使日本财富尽失。因此,日本把美元作为国家储备的做法相当危险。此次华尔街崩溃,日本很有可能重蹈覆辙。

第二次世界大战结束时,美国拥有世界上2/3的黄金储备。黄金相对来说具有较大稳定性。如果日本当时储备的是黄金,也就不会被美国所玩弄。

可是,日本没能洞悉美国的意图,也无力拒绝广场协议的不利条款。

事实上,这种情形至今仍未得到改善。日本现在大约拥有1兆美元左右的外汇储备。从2000年到2008年,日元、美元对欧元的汇率几乎都下滑近一半。如果日本政府能在这段期间把外汇由美元转换成欧元,那就能够获得100兆日元的利润。

竞争对手"欧元"的出现和反恐费用的增加

虽然1971年"尼克松冲击"发生后,美元的实力没有被削弱,但随着国际形势的发展,美元的垄断地位正面临巨大挑战。

2002年,欧盟发行了欧元作为欧洲统一货币。欧元的出现开始逐渐动摇美元的霸主地位。

欧盟这一劲敌成立以来,美元对欧元汇率持续下滑。2007年,欧盟15个加盟国总的市场规模和经济实力都已超过美国。此外,中国人民币的影响力也在与日俱增。

货币实力与国力其实是成正比的。

随着2001年9·11事件以及在此前后多家企业爆出虚假决算的丑闻,人们对美国市场运营模式逐渐失去信心,并指责美国政府和经营者未能有效防止危机发生,应负重大责任。这对美元的霸主地位造成一定负面影响。但最主要的还是由于欧元的出现,并受到越来越多国家和金融机构的青睐。

另外,反恐战争巨大的军费开支造成美国财政赤字迅速增加,美元汇率进一步下滑。但由于美国经济发展势头良好,所以即使欧元和人民币实力增强,也还是无法动摇美元全球霸主的地位。

不过,进入2007年以来,美元实力明显下降。由于反恐战争陷入泥沼，再加上能源价格高涨，美国经济开始出现疲软。

首先爆发的就是次贷危机。刚开始，负面影响还不是特别明显。随着 2008 年 3 月贝尔斯登公司破产，人们才逐渐认识到问题的严重性。美国金融危机其实意味着美元的信用破产。究竟美元今后能否保持其世界霸主地位，谁也无从得知。

如果美国因金融危机而一蹶不振，那么大量持有美元就变得毫无意义。因为美元不再是国际通用货币，其原来的优势也就消失了。

华尔街崩溃后，世界各国的政府、金融机构、企业、投资家乃至普通老百姓都在极度关注美元今后的发展趋势。

骤然停止的“美元国际循环”模式

从华尔街陷入危机后的 2008 年 9 月下半月开始，欧、美、日的 10 大主要银行相互协商，采取紧急措施，决定向本国市场注资美元。各国中央银行纷纷从美联储处筹措资金，然后再借给金融机构，这一金额高达 6 200 亿美元。

没想到市场上美元流失的情况竟然会如此严重。

可以肯定地说，美国市场受金融危机的影响最大。9 月末花旗银行正式宣布收购美国第四大银行美联银行。同时，在银行间外汇市场上也出现反常现象，成交的只有那些第二天必须马上清偿贷款的交易。

这就是所谓的信用收缩。金融界陷入一片恐慌，不愿提供贷款，所以市场上流通的美元才会越来越少。

虽然贝尔斯登公司破产造成美元货币市场紧张，但至少到 9 月上旬为止还能提供 5 亿左右的 1 个月期美元资金。

2008年美国金融机构破产、整顿及相关对策

2008年1月
美国大型银行美国银行（Bank of America）宣布收购美国最大商业抵押贷款机构全国金融公司(CFC)。

3月
美国摩根大通公司收购第五大投资银行贝尔斯登公司。

7月
加利福尼亚州印地麦克银行破产。这是最近20年来首次出现的大型银行破产案。

9月7日
美国联邦政府下属的两大房屋贷款融资机构房利美和房地美由政府正式接管。

15日
美国第四大投资银行雷曼兄弟公司破产。
美国银行收购第三大投资银行美林公司。

16日
美联储宣布向全球最大保险巨头美国国际集团(AIG)提供紧急贷款。
美国政府正式接管AIG。

21日
美国第一大投资银行高盛和第二大投资银行摩根士丹利被批准转型为银行控股公司。

25日
全美最大储蓄机构华盛顿互惠银行宣告破产，其银行业务被出售给摩根大通公司。

29日
美国金融救援方案遭国会众议院驳回。道琼斯工业平均指数下挫777点，创下历史单日最大跌幅记录。
花旗银行收购美国第四大银行美联银行的银行业务。

10月3日
国会众议院通过金融救援方案。

6日
道琼斯指数4年来首度跌破万点。

10日
七国集团(G7)财政部长和央行行长在美国首都华盛顿举行会议，公布了一项行动计划。

14日
向花旗银行、高盛等9家主要金融机构注资2 500亿美元。

17日
欧美日放宽会计准则，银行等金融机构将不必再按当前市值记录资产负债表上的资产价值。

24日
欧、美、日将相继成立金融保证商品的清算机关。

11月15日
二十国集团领导人在华盛顿召开金融峰会。

普通民众谁都不愿把钱借给濒临倒闭的金融机构。试想有谁会冒险把钱存到信用度低的银行呢？存钱就相当于借钱给银行，万一该银行破产，那么所存的钱都将化为乌有。房屋贷款融资机构房利美和房地美虽然都被收归国有，但这两大公司的股东几乎失去所有投资资金。地区银行倒闭时，由于实施存款偿付政策，10 万美元以下储户的存款受到政府保护，而那些拥有大量存款的储户则无法得到赔偿。

如果事态继续恶化，那么最后只能靠美联储每天发行大量美元来维持市场供应平衡。美联储 9 月 25 日发表的数据显示，到 9 月 24 日为止的一周内联邦储备银行日平均借出金额为 1 877.53 亿美元。这一金额相当于上周的 4 倍，平常的 7 ~ 8 倍，创下历史最高记录。

金融危机爆发后，人们对货币逐渐失去信心。虽然无法阻止美元暴跌，但原先形成的循环圈并没有被打破。美国消费掉的美元，通过出售美国债务又重新回到美国本土，变成美国政府和民众可以任意支配的资金。

这被称为“美元国际循环”。正因为如此，世界最大债务国美国才能成为世界第一消费大国。

这样美国民众就能非常方便地拿美元去购买别国的商品和服务。而当中国、日本出口电器产品和车，中东产油国出口石油时，几乎所有这些生意都以美元计价结算。

然后，亚洲各国及中东产油国又通过购买美国国债、房利美等发行的住房抵押贷款债券、美国企业债券和股票等方式，把拿到的美元重新投资到美国。这就是所谓的“美元国际循环”模式。

美国投资银行开发的证券化商品等金融衍生品、次级贷款都对美元回归本土起到很大作用。所以，美国一直以来完全没有资金困扰。可以说世界各国都做出了很大贡献。

然而，随着华尔街崩溃，房价持续下跌，各资源国和亚洲诸国都不愿购买以美元为货币形式的债券和金融商品。结果导致美元无法回流，美国国内资金短缺现象严重，华尔街的金融机构接连告急。

如果这种状况无法得到有效控制，不仅美元地位下降，美国经济也会逐渐衰退。

美联储已成为全球最大的不动产所有者

在欧元出现之前，世界各国的外汇储备几乎都是美元。随着欧元区经济规模持续扩大，原先外汇储备主角货币的美元地盘日渐被侵蚀。全球外汇储备总量如果换算成美元大约有 43 200 亿。其中，

美国中央银行 FRB（联邦储备委员会）（图 / 东方 IC）

美元货币形式的外汇储备就达到27 200亿左右。这一比例在1999年时超过70%,后来持续下降,现在已低于60%。相反,欧元却从18%增长到27%(2008年3月)。

而且,欧元区外也逐渐掀起用欧元来进行贸易结算的热潮。伊朗之所以被美国仇视,其中一个很大原因就在于伊朗把欧元作为原油交易的货币形式。

所以,华尔街的崩溃和美元地位下降有着密不可分的关系。

20世纪70年代美国也陷入过经济衰退,但战后人口飞速增长期间出生的那代人充分发挥购买力,使美国走出了困境。可以说是美国人民强大的消费能力拯救了美国。对于制造业薄弱的美国来说,占到国民生产总值27%的个人消费就成为美国经济发展的坚强后盾。

可如今他们在社会上已退居二线,为保障以后的生活,他们的消费能力明显减弱。结果导致股市资金减少,消费水平整体下降,再加上金融危机的冲击,恐怕美国经济在短时间内难以恢复。

2008年4月,据杜克大学和《财务总监》(CFO)杂志联合开展的以经营者为对象的调查显示,大约90%的国际大型企业经营者都对今后的经济发展趋势持消极态度,认为经济萧条局面将会持续到2009年。华尔街崩溃后,人们更加失去了信心,认为数年内甚至10年内经济都不可能得到恢复。

美国经济发展前景不被看好,美元逐渐遭人们遗弃。被视为此次金融危机罪魁祸首的对冲基金为降低损失,纷纷抛售美元和美国国债,出让因次贷危机而价值下跌的不动产。但面对日渐蔓延的不利形势,他们也将束手无策。

不过，如果美元货币形式的金融商品和资产的价值不断下降，那么扮演最终借款者角色的美联储就很有可能被大量不良资产套住。

可以说，美联储已成为当今世界上最大的不动产所有者，它拥有相当多的房屋贷款融资机构和投资银行。因为这些银行和公司为获得贷款，只能把不动产无限期地用来做抵押。

由于作为担保的不动产价值持续下跌，为防止局势恶化，美联储只能加印美元。但这一政策又进一步导致美元贬值。

而且，美联储发行的国债也难逃下跌的命运。

日本和中国掌握着美国的主动权

在第一章中曾提到美国财政事实上已破产，美国审计总署(GAO)认为美财政赤字已累计突破53兆美元，恢复的可能性几乎为零。这更进一步导致美元贬值，甚至可能引起美元暴跌。

在布什总统当政的8年期间，美国政府的财政预算从2兆美元以下飞速增长至3兆美元，军费也上涨近70%。国防部的5 150亿美元再加上其他州的军费开支，这一总额竟高达1兆美元，创下二战以来的最高记录，甚至超过世界各国的军费总和。

美国究竟为何要投入那么多的资金来支持反恐战争。从现在来看，这一举动可以说是相当不明智。似乎只要能彻底剿灭拉登，美国可以不惜付出所有代价。

事实上，日本和中国经济为美国经济的发展提供了有力支持。2004年，日本掀起了史上最大规模的美元购买热潮。当美元受伊拉克战争影响而贬值时，日银持续以每天1兆日元的规模买进美元。

虽然日银宣称采取这一措施是为了打压日元升势，但这对防止美元下跌确实起到一定作用，不仅填补了美国经常收支的赤字，还有效抑制了长期利息的上涨。日本还把换来的美元用于购买美国国债，所以这就相当于日本给伊拉克战争提供了资金援助。

前面提到的“美元国际循环”模式，其忠实拥护者现在只剩下日本。

据美国财务部统计，中国拥有的美国国债总额大约为 5 000 亿美元。日本是 6 000 亿美元，所以中国对美国财政所做出的贡献仅次于日本。然而，中国外汇储备余额已超过日本的 1 兆美元，成为全球外汇储备最多的国家，金额高达 2 兆美元，创历史新高。

如果中国和日本都放弃美国国债，那么美元就会暴跌，美国也将面临国家破产的危险。所以日本应该重新调整战略，而不是一味地追随美国。

人民币对美元霸权地位的挑战

美国经济亮起红灯的同时，中国加快了发展的步伐。

当华尔街陷入危机时，中国神舟七号载人飞船发射成功，并在距离地面 340 千米的轨道上，宇航员出色完成首次出仓活动。整个过程都对全球进行实况转播，吸引了世界各国的广泛关注。

随着时代变迁，这已不再是美国的专利。曾有些外国媒体宣称北京奥运会结束后中国会受影响，而实际上真正崩溃的却是美国。

中国在 1840 年鸦片战争以前，国力一直居于世界前列。18 世纪的中国堪称世界超级大国，GDP 占世界总量的 20%以上。中国人盼望能重新回到那一时代。

改革开放以来，中国在政治、经济、军事、技术等各个领域都取

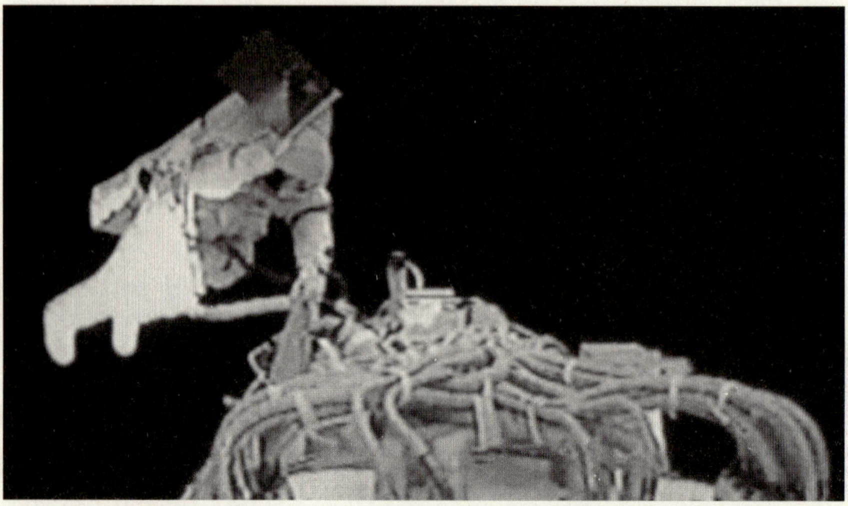

2008 年 9 月 27 日，中国 " 神七 " 航天员翟志刚顺利出舱，首次完成太空行走，挥舞国旗致敬。(图 / 东方 IC)

得了很大发展，并希望在 2025 年能赶超美国。

为达成这一目标，人民币必须走向世界。因此，中国政府希望通过成功举办北京奥运会和上海世博会来吸引世界各国的目光，不断提高人民币的国际影响力。

如今，人民币在中国的香港、澳门、台湾已经很吃香。此外，中国还提议在东南亚地区成立自由贸易圈，促使以人民币为主要结算货币的人民币经济区的形成。

2002 年 4 月，被誉为“欧元之父”的诺贝尔经济学奖获得者罗伯特·蒙代尔教授应邀来到北京，并表示人民币已经具备成为亚洲通用货币的条件。

有“天才投资家”之美誉的吉姆·罗杰斯把住所从纽约迁移到新加坡，并致力于实物投资和中国投资。他在上海也拥有住所。他的主张相当直接。他认为美元的时代已终结，未来应注重对中国和资源的投资。

他一边环球旅行一边投资，所以对自己的主张相当自信。他给女儿找了中国籍的儿童培育专家，从小就教她学习地道的汉语。

日元会和美元一样衰退吗?

20世纪80年代，日本经济空前繁荣，曾有人希望日元能成为国际通用货币。但是，由于政府顾虑美国，安于当时的现状，所以没有采取任何行动。

后来，人民币在亚洲的地位不断上升，甚至超过了日元。伴随着美元逐渐衰退，日元的未来之路又会是怎样?

按照目前的发展趋势，日元很有可能会受美元暴跌影响。

日本不仅拥有价值1 500兆日元的个人金融资产，而且还有超过1兆美元的外汇储备。虽然和美国一样背负着巨额的财政赤字，但雄厚的个人资产和先进技术是日元的坚强后盾。

货币实力取决于国家的政治、经济、军事和技术力量的总和。如何有效利用这些要素，并使其发挥最大功效，这决定着一个国家的未来。

不过也有人持不同意见。他们认为，如今国际市场电子化发展迅速，每天都有好几兆美元通过网络交易成功，个别的货币已无法成为衡量国力的标准。

的确，1997年亚洲金融危机爆发时，一些对冲基金的投机商人立即看准时机，企图跨越国境操控别国货币。然而，轻视货币就等同于轻视一个国家，这是对国际货币政治体系的一种无理挑战。

在近年来召开的G8(经济峰会)上，除美国外，其他各国货币当局都一致决定发挥国家力量来严厉打击货币投机活动，进而维持货币市场的稳定。就在美国强烈反对这一决议的同时，美国国内却出现问题，华尔街爆发了百年不遇的金融风暴。

因此，随着美元衰退，各国的货币争夺战将进入白热化阶段。除人民币、欧元备受青睐外，“一篮子货币”的汇率制度也引起了人们的广泛关注。

对于日本来说，目前的当务之急就是要和欧洲、中国、俄罗斯以及亚洲诸国搞好外交金融政策，而不是一味地追随每年背负 7 500 亿美元财政赤字、日渐衰弱的美国。

在对外关系上，我们一直以来都把美元作为结算的主要货币形式。这一观念应尽快改变才行。

目前，日本已发起倡议，希望亚洲各国货币实行互惠外汇信贷协定，并在亚欧会议上积极推进一篮子货币政策，呼吁亚洲各国把美元、日元、欧元作为该政策的主要币种。

随着美元日益衰退，欧元和人民币的发展势头都相当迅猛。面对这样的局面，我们也应采取行动。

而且，只有不断增强日元实力，我们国家引以为豪的制造业才有可能重新崛起。

美元霸主地位结束后的“货币多极化”

美元暴跌和美国政府财政破产一触即发。

如果那样的话，美国国债将被宣布债务不履行，世界上所有以美元为主要结算货币的债务都会取消。

法、德、英等欧盟国家和俄罗斯都对美元的未来走向虎视眈眈。

似乎只有日本还一如既往地追随着美国。

或许有些国家会对日本的这种行为感到很可笑。当次贷危机逐渐深化时，俄罗斯前总统普京呼吁欧洲各国应尽早和美国划清界线，增强与俄罗斯之间的友好协作关系。面对以欧美为中心的世界体制，他依然在为俄罗斯能够真正融入欧洲而做不懈努力。

2008 年 8 月 8 日，格鲁吉亚对南奥塞梯自治州发动军事进攻。俄罗斯态度强硬，派兵介入并成功击退格鲁吉亚。这正体现了俄罗斯上述的外交政策。

此外，南美委内瑞拉总统查韦斯也积极采取政策对抗美国。他曾提议统一中美洲及南美各国的货币，建立能与美国相抗衡的新币种，并禁止将美元用于石油贸易结算，而是用欧元或其他货币来取代。

目前，实行反美主义政策的国家还不是很多，但局势在不断变化。

2008 年 10 月，在玻利维亚召开了南美国家联盟(UNASUR)议会总部奠基典礼。智利总统巴切莱特谈到美国金融风暴时，呼吁南美国家联盟必须积极应对经济危机。12 个加盟国都希望能尽快脱离美国，真正做到独立自主。这带有明显的左派民族主义色彩。对美国的不信任感极有可能掀起一股反美主义浪潮。

中东各国也都不再使用美元来进行石油贸易结算。由沙特阿拉伯、科威特、巴林、卡塔尔、阿拉伯联合酋长国(UAE)、阿曼等国构成的海湾阿拉伯国家合作委员会(GCC)，统一成员国货币，并试图改变与美元挂钩的汇率制度。GCC 六国一直以来都实行盯住美元的汇率政策。但他们经过协商，一致同意争取在 2010 年前发行共同货币“海湾元”，同时希望能在 2015 年完全脱离盯住美元的汇率制度。

海湾产油国如果在经济合作和货币合作的基础上最终建立起海湾元区,使其石油出口按海湾元结算,就会打破全球石油贸易按美元结算的局面,进而推动全世界脱离美元的趋势,美元就会受到毁灭性打击。

这样看来,今后能够影响美元霸主地位的国家,除拥有大量美元外汇储备的中国和日本外,还包括欧盟及中东产油国。

那么,如果美元真的彻底崩溃,世界货币制度会变成怎样呢?

关于这点,国际货币基金组织(IMF)已经做出判断。他们认为,未来世界的货币制度会朝货币多极化的方向发展。

IMF 早在 2007 年 7 月就按照这一目标,在美国、欧盟、中国、日本及沙特阿拉伯这 5 个国家和地区建立了调查委员会。

这 5 个国家和地区中,除美国和欧盟外的 3 个国家都拥有丰富的外汇储备。IMF 计划把这 3 国持有的美元慢慢转换成其他货币。

此外,G8、亚洲开发银行(AGD)等国际机构也在积极推进货币多极化的实现。

他们一致认为,美元逐渐丧失优势后,世界会出现 4 种国际通用货币并存的局面。

第一种,日渐衰退的"美元";

第二种,"欧元";

第三种,GCC 的通用货币"海湾元";

第四种,以日元和人民币为中心的"亚洲通用货币"。

这4种货币并存的局面似乎会提早到来。而另一方面，美国又在竭力维持其世界霸主的地位。结果会如何将在最后一章揭晓。

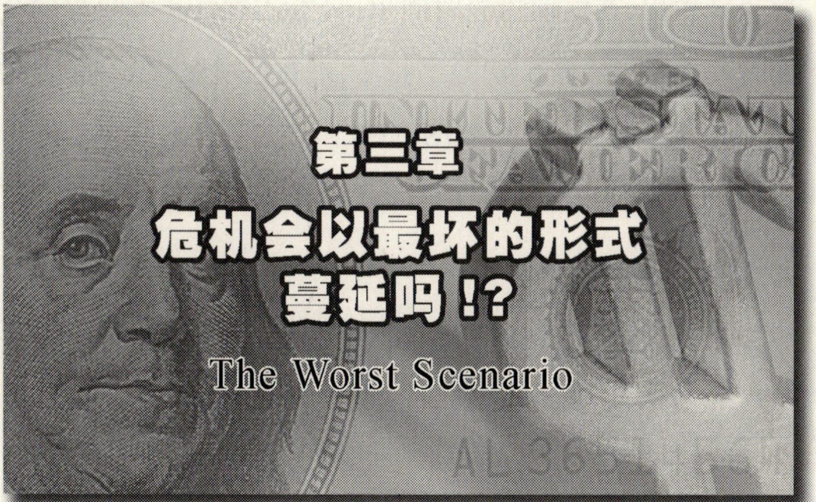

经济泡沫究竟谁能拯救?

人类的智慧正面临严峻挑战。

美国金融危机爆发后,人们都在纷纷议论为何没有人出来阻止这场悲剧的发生。

为什么全球的政府和专家都对失控的金融市场视而不见,要放任金融衍生品泛滥,而且还向完全没有还贷能力的人们提供住房贷款呢?

对此已经有人做出过警告。

次贷危机爆发时,著名银行家和律师查尔斯·R.莫里斯在《万亿美元大崩盘》一书中,深刻、全面地剖析了美国的次贷危机和信用危机,获得广泛好评。2007年秋,当该书正式出版时,"The Trillion Dollar Meltdown"这一标题立即在社会上引起了轰动。后来,华尔街真的崩溃了,人们不得不佩服莫里斯敏锐的观察力。

莫里斯指出，在之前这段时间里，具有实物资产索赔权的金融资产的总额几乎与世界GDP总量持平，现在已增加到4倍。金融衍生品作为具有金融资产索赔权的一种，其虚拟资金总额已超过世界GDP总量的10倍。而且他还认为，对于华尔街崩溃带来的严重后果，谁都无法正确预测。

回想起来，日本泡沫经济时期也有过同样的警告。当时一些具有敏锐洞察力的专家就指出，地价和股价的异常上涨是脱离实体经济的一种表现。但是，被欲望冲昏头脑的人们迷惑于表象，根本无法自拔。

在全球化发展过程中曾出现过多次泡沫经济浪潮。如企业合并及收购泡沫、由创业家和个人投资家制造的IT泡沫、新兴国家开发过程中形成的泡沫、美国房地产泡沫等。

然而，最近这次房地产泡沫形成的原因完全不同于以往，可以说资本主义体制本身的弊端是根本原因。

一般来说，当资产价值超越实体经济时就很容易产生经济泡沫。但资产价值和实体经济之间的差距最终可以通过一些调整来解除，泡沫也就会随之消失。

另一种就是因供给和需求协调不顺而产生的景气循环。不过，此次危机可以说是由经济泡沫和景气循环共同引发的。

那么，摆在我们面前的问题就有两个。一个是到底需要多长时间的调整经济才能恢复原样。另一个是究竟谁来挑此重担。

古典经济学把这一调整称为“看不见的手”。自由主义经济学鼻祖亚当·斯密则认为市场上出现的所有状况都应当由市场本身来调节。

然而，金融工程学发展到现阶段，在欲望横溢的赌场经济支配下,可能还没来得及等这只“看不见的手”发挥作用,世界就已经真正崩溃了。

因此,人类的智慧正面临严峻挑战。

华尔街崩溃后,世界各国都认为,此次危机仅靠某个国家或民间部门的调整无法得到彻底解决,在全球范围内强化规制和建立新体制才是王道。

金融危机进一步蔓延会导致产业危机,实体经济下滑,甚至引发经济的极度混乱。如何才能防止局面的继续恶化是摆在全世界政治家和专家们面前的一大难题。

与 1997 年日本金融危机相似的发展趋势

金融危机通常有 3 个发展阶段。

第一阶段是“流动性的危机”。紧接着第二阶段是资本不断流失的“资本危机”。最后第三阶段是真正意义上的“恐慌”,即因借贷困难而引发产业资本并购重组。

目前,美国还处于危机的第一阶段,受信用收缩影响,金融机构接连告急。

这和 1997 年秋发生的日本金融危机极其相似。

1997 年秋,在泡沫经济崩溃 7 年之后,日本真正陷入了金融危机。这是因为与不动产相关的坏账没有得到很好解决。也就是说当时遗留了大量不良资产,这和现在美国房地产价格下跌引起的不良资产问题几乎完全相同。

1997 年 11 月 3 日继三洋证券宣布破产后,17 日北海道拓殖银行也宣告倒闭。24 日日本第四大证券公司山一证券申请自动停业。

深陷困境的日本山一证券公司，总裁 Shohei Nozawa 在发布会末尾的哭泣。(图 / 东方 IC)

仅在短短一个月内,大型金融机构接连破产。

在作为银行和证券公司筹措资金主要场所的短期金融市场上，当金融机构惧怕资金无法回收时，它们之间的信用就会出现危机。于是,借款利息上涨,结果导致谁都拿不出资金。最后,经营状况不断恶化的金融机构遭遇融资困难,只能宣告倒闭。

雷曼兄弟公司和 AIG 同样遭遇破产厄运。高盛和摩根士丹利为避免破产只能转型为银行控股公司。华盛顿互惠银行和美联银行被收购,最终才得以逃离信用收缩的可怕陷阱。

然而,危机才刚开始。虽然美国政府的金融救援方案历经波折终于出台,但这无法从根本上解决危机。该方案主要着眼于收购金融机构的不良资产,企图通过填平资产负债表上的债务,从而推动金融机构的健康发展。

可是,被证券化的住房抵押贷款债券的交易价格该如何来定,谁都无法把握,而且房价持续下跌的趋势也没有得到有效控制。美国 S&P/Case-Shiller 住房价格指数每月都下滑 10%以上。尤其是 2008 年 9 月 30 日公布的数据显示,这一指标创下 16.3%的历史最大跌幅。

按照这种发展趋势,不良资产的房屋还会大量涌现。那么,即使注入再多的公共资金也于事无补。这就如同一个蚁狮陷阱。

几乎占个人消费一半的房地产市场的崩溃

正如美联储前主席格林斯潘所形容的“百年不遇的危机”那样,此次泡沫经济崩溃只不过是经济长期不景气的前奏而已。危机相当严重,当年的经济大萧条很有可能再现。日本这十几年来饱受泡沫经济崩溃带来的影响。美国也将陷入相同处境。

在第一章中曾提到过,这意味着一个超级大国的消亡,意味着美国世界霸主地位的动摇。那么,此次危机将会延续多长时间呢?

与日本处理不良资产的速度相比,美国的反应可谓相当迅速。但为什么要说危机还会继续蔓延呢?

原因就在于住房价格的持续下跌。随着房价下滑,金融资产、金融衍生品等虚拟资本与实体经济之间的差距会越来越大,危机也会逐渐加深。当这一差距超过一定负荷时,就极易引发泡沫经济迸裂。

2009 年 2 月 1 日，亚利桑那州，一个“银行所有”的标牌在美国某个住宅区。全美住房空置率升高，房价再次下跌。（图 / 东方 IC）

美国住房价格上涨是泡沫经济的一种表现，所以价格需要过一段时间才会回落。然而，美国的房地产泡沫和日本有所不同。因为美国房地产市场是一个比较大的市场，几乎占到个人消费总量的一半。

美国经济规模略低于世界 GDP 总量（50 兆美元）的 25%。其最大特点就是消费旺盛，这堪称支撑美国经济的台柱子。因为美国个人消费几乎占到经济总量的 70%左右。其中，住房消费所做的贡献就达到一半，接近世界 GDP 总量的 10%。因此，如果美国发生泡沫经济崩溃，其后果会远远超过日本。

美国政府实际上已将房利美和房地美收归国有。美国住房抵押贷款总额大约为 10 兆美元，其中这两大公司持有的金额就占到一半,规模相当于日本一个国家的GDP总量。

不过,房利美和房地美的贷款对象一般为优质贷款市场的客户群,而不是已出现重大危机的次级房贷市场。而且,他们还把少量优质抵押贷款债券销往全球。

房利美和房地美发行的是优质债券,当美国房价持续升温时,各国的金融机构都大量买进。实际上,中国和俄罗斯都已成为该债券的最大持有者之一。

可是,随着房价下跌,房利美和房地美优质债券的违约率明显上升,所以政府才连忙接管了这两大公司。因为这些债券如果被中国和俄罗斯抛售,美国政府会损失惨重。

然而,房利美和房地美被收归国有后,美国就没有了住房抵押贷款机构。那么,今后的房地产市场就会出现房屋滞销现象,房价也会继续下跌。

危机将进一步朝纵深方向发展。

美国房地产市场前景堪忧

房利美和房地美是美国最大的两家非银行住房抵押贷款公司,主要业务是从银行购买住房抵押贷款。银行把贷款的债权卖给这两大公司后,再将获得的收益用于放贷。美国住房抵押贷款市场就是这样形成的。

但是,在这种市场机制下,银行的放贷能力完全超过了其本身拥有的资金实力。这是房地产泡沫形成的一大因素,再加上面向低收入者的次级房贷被证券化后在全球范围内销售,所以泡沫经济的规模很难加以准确估算。

2008年10月,国际货币基金组织(IMF)公布的数据显示,世界金融机构在次级房贷方面的损失已经达到13 000亿美元。这远远超过日本因土地泡沫造成的20兆日元的损失。

而且,再加上其他住房抵押贷款损失以及房价下跌带来的损失,不良资产还会不断增多。

对于由政府接管的房利美和房地美来说,今后如何处理庞大的住房抵押贷款善后工作,这是摆在"两房"面前的一大难题。目前还不清楚这一工作到底需要多长时间才能完成。

此外,房利美和房地美将停止购买或担保抵押贷款业务,所以美国民众今后想要靠贷款来买房会变得越来越难。而且,市场上二手房泛滥,有足够现金的富裕阶层又已拥有好几套房子。美国房地产市场可谓前景堪忧。

就如前面所说的那样,旺盛的个人消费是美国经济的支柱。美国普通民众的个人消费是建立在以房价差额作为担保后获得的借款的基础上。例如,如果贷款5 000万日元买来的房子增值到7 000万日元,那么就可以用差额部分作担保来借款,然后再以分期付款的形式买车或去旅行。这就是他们的消费生活。

这种生活只有在房价持续上涨的情况下才能实现。由于原本就是靠借款维持生活,所以房价下跌就很有可能引发破产。当人们还在为自己的资产上涨到7 000万日元而高兴时,没想到转眼间房价就跌到了5 000万日元之下,令人哑然失色。

如果下跌了1 000万日元,那就等于要还3 000万日元。那些借款利息高且没有还贷能力的人们只好放弃房子。然而,住房抵押贷款只要出让房子就能取消,但还得重新贷款,所以很多人背负着债务只能住在简陋的公寓里,甚至还有人露宿街头。

如今,在圣弗朗西斯科、洛杉矶郊外住着一大批失去房子的人们。这引起了新闻媒体的广泛关注。

很明显,一直以来被视为美国经济推动力的个人消费会不断衰退。中国和日本的出口也会受到影响。

美国的金融危机将不断深化,朝着第二阶段,甚至第三阶段发展。

而且,我们现在还面临着两个更加严重的问题。

那就是“粮食危机”和“环境问题”。

全球范围内逐渐蔓延的粮食危机

近年来,世界粮食产量逐渐减少。

这跟气候异常、过量使用农药化肥、土壤污染、病原菌污染等因素有着密不可分的关系。美国粮食战略储备在 1999 年至 2000 年间可供国民消耗 115 天,现在只有 53 天。

这是过去 47 年以来的最低水平。粮食供不应求的局面到 2007 年为止已经持续了 8 年,情况十分严重。

在这种情形下,如果金融危机继续恶化,后果将会怎样?人类最重要的粮食就会成为人们争夺的焦点。所以,今后很有可能会发生世界范围内的粮食争夺战。

据美国农业部的调查表明,世界各国的粮食供给能力今后会继续下降,粮食短缺问题将愈演愈烈,甚至超过历史上任何一个时期。过去 100 年来,除战争原因外,未曾出现过如此大规模的粮食供不应求的局面。

随着世界人口的增加，人类对粮食的需求不断扩大。而另一方面，粮食生产能力却没有及时跟上。

作为人口大国的中国和印度，今后对粮食仍有很大需求。世界人口总量目前大约为67亿，到21世纪末预计将突破100亿。也就是说，接下来每隔四五年世界人口的增加量就等同于美国一个国家的人口总量。

随着全球人口急剧膨胀，人类的能源消费大幅度增长。如何保障能源供应正常是摆在我们面前的又一大难题。

粮食和能源生产出来以后，运输过程中仍然需要消耗资源。所以，对石油、天然气等有限的化石燃料的需求会变得永无止境。

此外，人们为扩大农作物生产规模过量使用天然资源中提取的肥料和化学药品，结果导致全球土壤污染、水资源不足等问题加剧。伴随着气候变化，耕地面积大量减少，沙漠化现象日趋严重。

近年来，气候异常在世界各地频频发生。如南美地区海面温度持续异常偏冷的拉尼娜现象等。2007年，欧洲北部和西部地区暴雨成灾，而南部和东部的一些国家则遭遇热浪袭击，酷暑夺走多人性命。中国南部和内陆发生暴雨洪涝灾害，这与东北部持续性干旱形成鲜明对比。2006年天气干旱少雨的澳大利亚，在2007年却暴雨不断，造成巨大损失。美国东南部和西部等近一半国土都遭遇了前所未有的干旱。

而且，现在包括美国、欧盟在内，一些发达国家都在利用粮食中的玉米、甘蔗、大豆等积极研制生物燃料，希望能作为传统能源的替代品。市场对玉米等需求的这一巨大预期推动了粮食价格的大幅上涨。

2008 年 4 月 9 日,海地太子港,大街上的尸体。由于粮食和其他生活资料价格的持续上涨,引发海地首都太子港连续数天的骚乱。(图 / 东方 IC)

日本粮食的 60%依靠进口,其中一半来源于美国。特别是玉米,日本几乎完全依赖美国。作为研制生物燃料的重要原料,美国今后很有可能会控制玉米的出口量。

可以说,除前所未有的经济衰退外,今后日本还会陷入粮食和能源危机。

受金融危机影响,如果美国把粮食和能源作为最后的制胜法宝,那么世界就会变得更加混乱不堪。

未来 10 年将面临粮食价格高涨带来的危机

美国高盛在 2008 年初做出过预测,认为除砂糖外,其他所有食品的价格在 2008 年后半阶段都会急速上涨。结果,这一预言还没等到那时候就已完全得到验证。

其中,全球最为紧缺的就是大米。印度、越南、印度尼西亚和埃及等地区出现大米供不应求的局面。总部设在瑞士的 Mother Earth Investments AG 看到大米市场的潜在价值,设立了 1 亿美元的大米投资基金。目前,世界大米储量已降到 20 世纪 80 年代以来的最低水平。

由此可见,在食品价格上涨和美国金融危机的双重影响下,发展中国家的社会安定受到了极大威胁。2007 年初,墨西哥人走上街头,抗议玉米粉的价格过高,因为玉米粉是他们的主食。而同样在 2008 年 3 月,埃及也因不满面包价格上涨而发生杀人事件。所以,随着经济大萧条的到来,这些国家发生暴动恐怕是难以避免。

据世界银行(WB)调查显示,包括墨西哥、也门在内的世界 33 个国家都因粮食、能源价格高涨而发生社会动荡。世行行长罗伯特·佐利克甚至认为这种危机会持续 10 年以上。

日本作为粮食进口国,国内需求的 20%都从中国进口。不仅如此,日本还从世界各国大量买进食物。我们应该清醒地认识到这一点,做好应对政策。

因此,为了全人类美好的未来,我们有必要建立一种新的经济体制和粮食、能源体制。

我们会回到资本主义兴起以前的中世纪社会吗?

究竟世界未来会走向何方?

虽然目前还没有人能准确预测,但随着华尔街崩溃引发的金融危机逐渐蔓延到实体经济,陷入世界经济大萧条只是时间问题,尽管谁都不愿看到这样的结果。

如果那样,历史就倒退了,世界经济在数十年内都会停滞不前。

普林斯顿大学某教授做了最坏的预想,他认为如果人们对政府和中央银行失去信心,局面就会变得难以控制,整个国家都会受到影响(《美国新闻周刊》2008 年 10 月 1 日)。

那么,政府和中央银行的信用究竟会在什么时候破产呢?一般来说,当金融机构和当局隐瞒事实真相时,它们就已得不到人们的信任了。当年日本泡沫经济崩溃时,就是因为银行和大藏省没有把不良资产的实际金额公布于众,才导致事态恶化。泡沫经济崩溃后,公布的数据为 20 兆日元,可事实上已超过 200 兆日元。此外,1996 年接二连三破产的住专(住宅金融公司)的经营者们怕被追究责任,也隐瞒了事实。

所以,市场必须具备一定的透明度,否则金融崩溃就无法避免。

随着金融危机的浪潮席卷欧洲、中国、日本、印度和俄罗斯,全球失业人数会急剧增加。各国政府为维护社会安定,民族主义和保护主义色彩越来越重,自由贸易逐渐衰退,全球化进程也会完全受阻。粮食输出和能源供给减少后,这些资源就成为纷争的焦点。粮食暴动时常发生,围绕着能源的世界争夺战也将拉开序幕。

人们最关心的不再是地球温暖化和环境问题,而是与我们有切身利益关系的一些东西。

更为严重的是,象征着现代文明社会的自由和人权等进步思想也面临严峻挑战。如果这些思想倒退了,社会也就失去了希望。

事实上,各国已经把一部分金融机构收归国有,并对经济实行调控,资本主义在一定程度上被削弱。

伴随着美国国力衰退,世界朝多极化方向发展,不同文明圈之间的对立逐渐显现，未来充满危险和不安定因素。这和我们20世纪时的预想完全不同，我们将重新回到资本主义兴起以前的中世纪社会。对此，我们是否已有足够的心理准备了呢？

运用杠杆作用和金融工程学盈利

对冲基金的鼻祖是阿尔弗雷德·琼斯。他最初是一个社会学家，后来任职于《福布斯》杂志。他写了一篇题为《预测技法》的文章，文中描述的投资方法就是现在人们常说的对冲基金。

他和其他 4 个朋友筹措到资金后进行了一系列实践活动，从而开始了他的基金经理人生涯。

他们当时运用的基本战略主要有两个。

第一个战略是杠杆作用。在原有资金基础上，利用信贷手段使自己的资本基础扩大。

第二个战略是买进低价股，卖出高价股。不管市场如何动荡，他们企图通过这种组合来确保高收益。

这就是 1949 年世界上诞生的第一支琼斯对冲基金。虽然距今已有 60 多年，但基本的操作方法丝毫没有改变。

1949 年对冲基金创立时的华尔街(图 / 小岛良章)

最初主要以股票买卖为主。1980 年以后,在里根总统和撒切尔夫人对金融市场及资本流动放宽规制的影响下,投资对象从原有的股票逐渐扩展到债券、货币和商品等所有领域。

尽管如此,利用者主要还是一些资本家和投资家。他们为避免国际贸易中的损失,所以选择了对冲基金。后来,随着金融工程学的发展,期货、选择权、利率互换等通过电脑精密计算的各种方法纷纷出现,对冲基金逐渐成为国际金融交易的主流。

现在,对冲基金的投资对象已涉及到所有金融商品和金融衍生品,包括股票、股价指数期货、交易型开放式指数基金(ETF)、债券、债券期货、商品期货、货币等,有时还实买空卖。可以说,对冲基金是运用所有手段来进行投资。

对冲基金的数量和运用的资金逐年增长。2007 年时大约有 1 万的基金操控近2兆美元的资金,该金额占到纽约和伦敦股市成交额的一半,几乎对世界上所有具有资产价值的东西都产生了影响。

对冲基金是一种基于避险保值的保守投资策略的基金管理形式。不过有时也不保险。可是,即使没有获得预期收益,也没有必要填补损失。因为这已成为经验丰富的投资家和资本家积累资金的方法。

这是对冲基金的最大特点。由于筹资方式的私募性,所以无需保障消费者的利益。这点和投资信托等一般金融商品不同,所以也不必登记或向当局提供相关信息。因此,对冲基金备受富裕阶层的青睐。

一般来说,如果是向社会不特定公众发行的公募基金,卖方必须承担一定责任。然而,对冲基金即使破产,也只被认为是投资家的判断失误。

而且,契约投资金是预支的。通常这是以报酬为前提,所以基金经理人即使手头没有资金也能进行大笔投资。当然,很多经理人为提高信用度也投入自己的资金。通常情况下,报酬为收益的20%,人气较高的基金能拿到25%,有时甚至超过40%。

如果顺利的话,投资家和基金经理人都能拿到丰厚的利润。有时投资资金在短期内就能从30%猛增到500%,令人惊喜万分。

就这样,对冲基金如雨后春笋般涌现出来,基金的平均投资金额也在下降,所以最近已逐渐扩展到一般阶层和普通的个人投资家。

次级房贷的证券化

从某种意义上可以说,对冲基金的倒下导致了2008年华尔街金融危机的爆发。2007年次贷危机发生时,少量资产证券化的金融手法受到了人们的质疑,然而,罪魁祸首其实应该是对冲基金。

虽然也有些对冲基金倒闭了,但从总体上来看,靠经营次级房贷获利最大的应该是所有的对冲基金和破产的投资银行。他们向其他金融机构调度资金,使美国房地产泡沫越来越大,从而谋取暴利。

不过,这不是对冲基金本身的问题,是人们的贪欲引发了泡沫经济。在新自由主义市场经济下,如果失去道德就很容易出现问题。因为人们的欲望是无止境。

同时,金融技术也起到了推波助澜的作用。

例如,备受人们争议的CDS(信用违约掉期)是对债权人所拥有债权的一种保险。它的全称为credit default swap,作为金融衍生工具,是一种信用违约合同,主要针对企业债务不履行。

这和日本的保证人制度、债务保证极其相似。它主要担保债权人持有的债权,把以前的银行保证转变为使用金融衍生工具。如果持有CDS,当发生信用事件时,债权人就能获得赔偿。

简单地说,首先CDS卖家售出CDS并向买家收取一定的保费。它处于第三者的地位。如果有债权违约等信用事件出现,CDS卖家就必须履行保险承诺。因此,这是一种债权违约风险的让渡,是一种保险。

次级房贷证券化的商品都带有CDS。这就让销售者毫无风险之忧还大赚了一笔。

全球最大保险公司AIG是CDS的最大持有者,所以美国政府只能给予援助。因为如果放任不管,其他从AIG那里接受了CDS的众多金融机构就会接连倒闭。

【表 2:CDS 的构造】

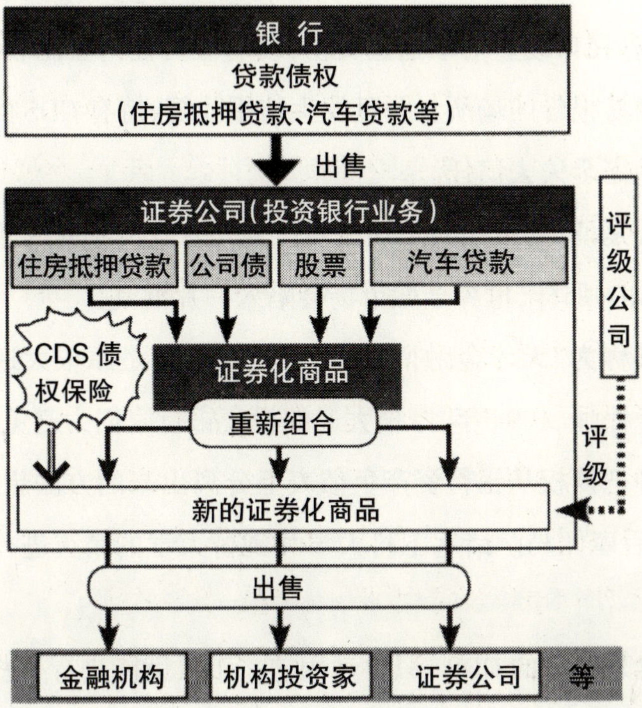

AIG 持有的 CDS 总量达到 140 亿美元,这一巨大金额立即促使政府做出了救助决定。美国财政部长亨利·保尔森曾担任过董事长兼首席执行官的高盛集团是 AIG 最大的股东,拥有 20%的股份。这对美国实行救助政策也起了一定影响。可是,美国却对同样持有 AIG 的 CDS 的大型投资银行雷曼兄弟公司见死不救。对于高盛来说,这就等于少了一个劲敌。

最终爆发的金融版大规模杀伤性武器

世界投资大师沃伦·巴菲特把 CDS 戏称为金融版的大规模杀伤

性武器。

原因就在于CDS是一种债权保险，其交易是企业对企业的相对交易，不存在市场。对于这些交易，政府没有任何管制和监督，也没有汇总交易报告的场所。一旦发生信用收缩，持有CDS的人们相互之间就会完全失去信任。

也就是说，这就如同不知道伊拉克是否真的拥有大规模杀伤性武器（WMD）那样，世界金融市场会陷入一片混乱。

这被称为“天才金融衍生工具”的发明者是摩根大通召集的一批年轻工程师。1994年，摩根大通的投资银行家们为避免形成坏账，作为一种把债权从银行资产负债表上分离出来的方法想到了credit swap，然后雇佣马萨诸塞工科大学和剑桥大学的精英进行该项目的开发。

这就是后来的CDS。只要运用这一工具就能进行一些高风险交易。于是，资本无穷递增不再是梦想，泡沫经济随之出现。

CDS的交易量年年呈上升趋势，2001～2002年发生安然公司和世界通信（WorldCom）公司倒闭事件后更是急剧增加，华尔街金融危机爆发前已达到62兆美元。这相当于NYSE（纽约证券交易所）上市企业所有时价总额的4倍。如果这些债权全都变成坏账，全球GDP总量会在瞬间化为乌有。

然而，不管有没有CDS，次级房贷本来就是面向低收入者。虽然最初利息较低，但一段时间过后会上涨。也就是说，次级房贷是把钱借给一些不具备还贷能力的人们，完全没有合理性，所以破产早在预料之内。

但是，由于次级房贷被证券化，再加上有CDS的保证，所以它受到单一险种保险政策的保护,评级公司把它定为 AAA 级。

此外,还有人认为风险应该越分散越好。

以住房抵押贷款为例。如果是一个人,万一形成坏账,风险就是 100%。而如果是 100 个人,即使有 10 个收不回,也只有 10%的风险。

因此,公司或银行首先尽可能多地发放贷款,然后再把已经产生的贷款打包成债券销售给投资者。

结果,资金流向就变得不明了。

可是,我们仔细考虑一下就能发现,即使向完全没有还贷能力的人们提供再多的贷款也无法降低风险。如果房价下滑,不用说 100 个人中的 10 个,几乎所有人都难逃破产的命运。

所以说,次级房贷证券化的金融手法只不过是骗人的把戏而已。

生产欺诈性金融商品的借贷经济

在美国大型金融机构工作的人们或是基金经理人,大多拥有 MBA 学位。几乎华尔街所有人都是一流大学毕业的美国精英。

头脑绝好的他们为什么要进行这种欺诈性交易呢?

泡沫经济是由人们的欲望催生出来的。虽然有人认为欲望无法消除,但在这种背景下,我们应该看清美国经济从一开始就是借贷经济。

前面提到的 CDS 世界贸易余额,在 2008 年 6 月底时已达到 54 兆美元。这一金额远远超过世界 GDP 总量的 50 兆美元,不过却和美国的累积财政赤字 53 兆美元几乎完全一致。而且,维持着美国这种债务经济的就是第二章中论述过的“美元国际循环”。

总之,美国如果没有发明像CDS这种高分红的金融商品,财政平衡就无法维持。反过来可以说,正是为了填补债务,人们才运用金融工程学制造出这些具有欺诈性的商品。

美联储前主席格林斯潘在任的10年期间,美国累积财政赤字扩大了近4倍。不久前,他多次指出次贷问题和对冲基金的不合理性,可都没有采取任何补救措施。

2008年9月受金融危机影响而消失的美国5大投资银行的总资产合计,1990年时约为美国GDP的10%,2007年已扩大到30%。

这就是所谓的泡沫经济,虚拟资金异常膨胀。泡沫迸裂后,美国陷入了如今的泥沼中。

世界上很多国家都受到美国金融危机的强烈冲击。不过,由于日本的对冲基金发展比较滞后,金融机构运用金融手法操作投资银行业务的现象也不是很普遍,所以才得以幸免于难。

否则,如果日本金融机构也积极参与到了投资银行业务中的话,那么日本会和美国遭受同样的灾难。

基金经理人的美国梦

华尔街崩溃后,美国金融当局终于着手整顿对冲基金,对它们施加更多的约束,禁止卖空799只金融股,并要求基金经理人必须向证券交易委员会(SEC)履行信息披露义务。

但这为时已晚,对冲基金凭借借贷经济的优势已经获得巨额利润。因为如果采用对冲基金的手法,即使股票和债券价格下跌,也有可能获利,甚至还有些对冲基金利用次贷危机牟取暴利。

例如,我们从《福布斯》杂志2007年度公布的富豪排行榜中就能发现这一点。2006年时资产超过10亿美元的亿万富翁大约有400人,到2007年就增加到了480人,而且新增的80人中几乎有一半都是对冲基金和私募股权基金的经理人。

对冲基金的经理人中,2006年收入最高的应该是美国文艺复兴科技公司的创始人詹姆斯·西蒙斯,可是公司的名字听起来一点都不像对冲基金。他在该行业相当有名,被誉为“对冲基金界的埃尔维斯”,但一直以来都没有受到新闻媒体的关注。都说这一行只能做到35岁,可他已经69岁了,依然活跃在这一舞台上,真有点不可思议。

更令人新奇的是,西蒙斯还是一位数学家,曾经为美国国防部暗号解析做出过杰出贡献。他不爱抛头露面,不认同乔治·索罗斯喜欢炒作新闻、踏足政治的做法,而是一门心思地搞电脑项目开发,主张运用独特的数学思维来解读未来。

西蒙斯的基金自1988年创立以来,一直保持每年38%的收益率,2006年竟高达44%。

结果,他获得了17亿美元的报酬,远远高出同时期上市企业经营者最高年收的64 700万美元。如此高的回报率只能说是金融资本主义的杰作。

对于年轻有野心的美国青年们来说,对冲基金的高收益成为了他们追求的目标。因为如果获得成功,那就意味着能在二十几岁就成为亿万富翁,35岁或40岁左右退休以后,既能在纽约郊外购得豪宅,又能住在加勒比海某个小岛上的别墅里悠闲度日。

因此,哈佛大学和斯坦福大学等的精英们都把目光投向华尔街,为能在对冲基金界留名而不惜做出任何努力。

这就是人们一直以来追求的“美国梦”。现在看来,华尔街的一

一直以来支持着伦敦经济良好发展势头的伦敦城（图／小岛良章）

切只是一场美妙的幻想而已。

除美国外，中国北大和清华的学子也都热衷于投机基金的研究，作为世界上拥有最多美元外汇储备的国家，中国为学习欧美对冲基金的先进技术，不仅邀请美国优秀的基金经理人来做讲座，而且在 2007 年还由国家成立了主权财富基金(SWF)。

当然，与华尔街同为世界金融中心的伦敦城也出现了很多具有传奇色彩的基金经理人。那里聚集了大批依靠资源致富的俄罗斯和中东富人，热衷于玩弄新自由主义经济的金钱游戏，积累了巨大财富。

由此可见，对冲基金已经受到世界各国人民的青睐，发展势头相当迅猛。

虽然日经指数在 2003 年 4 月时跌至 7 600 点，金融机构也遇到处理不良资产的难题，但是基金商业模式并没有扎根。虽然被美国强制要求实施“金融大爆炸”政策，可日本迟迟没有放宽规制，到

2006年才决定实现邮政民营化。

日本虽然有一些“和制对冲基金”，但从数量上看只有270个，运转资金不超过360亿美元，仅仅占到世界基金商业模式的2%。从某种意义上来说，日本完全是二流玩家。

总之，随着华尔街崩溃，对冲基金将走向衰退。

以零利率日元为本钱的赌场经济

由于金融商业发展相对缓慢，日本总算没有遭受太大损失。但是，我们应该清醒地认识到一点，那就是日本人的钱事实上也为对冲基金做出了贡献。

正因为日本能够提供零利率资金，美国财政赤字和美国人民的借贷式生活才得以维持，房地产泡沫才会不断膨胀。

之前一段时间，金融市场上一直盛行“借日元交易”的投资模式，通过把借入的低利率日元兑换成美元等高利率外国货币，然后进行投资以赚取差额。这是由于日本银行首次实行的“零利率政策”使日元变成了完全没有风险的货币。

该政策主要是把银行间的短期金融市场上的日元利率调至0%。所谓的短期金融市场，指的是银行和证券公司筹措资金的主要市场，无需担保就能借入资金，但必须在第二天偿还。日本希望通过降低利率来向市场提供大量资金，以起到刺激经济发展的作用。

从日本泡沫经济崩溃后的1992年2月开始，短期利率（无担保隔夜拆借利率）平均下调至0.02%。这和交易的手续费基本相同，实际上就等同于零利率。

虽然这无法得到普通存款者的支持，但对金融机构来说却是相当有利。因为如果当泡沫经济崩溃引发金融市场大混乱时,连大型银行和企业都陷入资金困境的话,那就会招来破产的连锁反应。

对于大多数金融机构来说,当资金不足时可以通过债券投资来保证资金来源。这样的话,金融机构就能为偿还不良资产筹措到必要的资金。而且,企业为提高生产能力和国际竞争力,也就有足够的资金进行 IT 行业的投资。

然而,随着全球化进程的推进,零利率货币给世界经济带来了意想不到的结果。

特别是海外的金融机构和对冲基金占据了极大优势。因为它们可以无止境地从日本调度零利率资金。这一金额高达 5 000 亿甚至 6 000 亿美元。

也就是说, 日本的零利率资金被源源不断地输入到赌场经济中。海外的大型银行、对冲基金、股权基金等都利用日元来进行各项杠杆投资。据国际清算银行(BIS)的统计显示,这一金额已高达 370 兆美元,远远超过世界 GDP 总量的 50 兆美元。结果导致全世界金钱泛滥。

可以说,不论伦敦、纽约、芝加哥、新加坡,还是香港,整个世界金融体系中流动的资金几乎都来源于日本。

日元造就了美国的泡沫经济

1995 年以来,零利率日元蔓延到全世界,海外市场的企业收购和不动产投资几乎都选择日元。由于很容易筹到资金,外国金融机构争先借入日元进行投资,甚至追求高风险、高收益。其中一个非常典型的投资对象就是美国面向低收入者的住房抵押贷款。

随着日元回流，2008 年 10 月，日元对美元汇率突破 93 比 1 的大关。（图 / 资料图片）

由此可见，美国的房地产泡沫实际上是由日本的零利率政策造成的。欧美的对冲基金利用这一零利率资金，通过中间的利率差来获利。同时，从日本大量流出的日元又为次级房贷提供了原始资金。

美国一直以来都靠发行大量国债来维持日益增长的财政赤字。但是，由于减税政策的推行以及伊拉克战争、阿富汗战争的巨额军费开支，美国财政陷入了困境，甚至苦于支付国债利息。日本是世界上美国国债的最大持有国，可以说日本人日常交纳的税金是美国长期以来得以保持繁荣昌盛的坚强支柱。

在美国，零利率日元还被用于不动产投资，房价在过去 8 年内直线上升。结果美国 75%的民众都拥有自己的房子。2006 年，房价更是达到了巅峰。

然而，2006 年 7 月，日银在政策委员会的金融政策决策会议上决定解除零利率政策。虽说是解除，但只把利率从零调高至0.25%，事实上还是超低利率。不过，这对美国不动产行业来说是一个沉重打击。因为这意味着日元利率今后将会持续上升。

结果，2006年下半年美国有26家住房抵押贷款公司相继破产，后来还波及到持有抵押贷款公司债权的雷曼兄弟公司、摩根士丹利、美林公司和花旗银行，最终导致美国房地产泡沫迸裂。

尽管事态已发展到这种地步，日本的证券公司和地方信用协会始终没有停止对美国住房抵押贷款债券的投资。

据2008年9月日本金融厅公布的数据显示，2008年6月时的日本金融机构次级房贷相关商品为9 580亿日元。伴随着次级房贷带来的金融市场混乱，国内银行、信用协会和信用合作社等金融机构统计的证券化商品损失额累计已达到25 740亿日元。虽说日本受到的冲击较小，但这也不是一笔小数目。

不过，这是根据债券价值下降所做出的损失估计，事实上这些钱并没有消失。零利率日元确实导致美国泡沫经济膨胀，可是房价上涨刺激了美国的消费，美国人疯狂购买世界各地的商品。以丰田为代表的日本车和日本电器产品风靡美国，所以从某种意义上来说，日本也从泡沫经济中获得了好处。

由此可见，世界是一个相互联系的整体。如果不了解这种经济构造，摆出一副事不关己的样子，危机也会向我们袭来。

对冲基金最后辉煌的一年

据总部设在芝加哥的美国对冲基金调查公司（HFR）的研究显示，仅2007年一年就新增了1 152个对冲基金。他们完全不理会次贷危机,筹集了史上金额最高的 1 640 亿美元用于开张。当然,受危机影响,其中也有 563 家公司后来不得不退出市场。

美国高盛一直以来都是基金行业的巨头,其资金调度能力具有压倒性优势。曾经称雄于投资银行,作为对冲基金行业顶级经纪人的他们为了生存,也只能转型为银行控股公司,变更商业模式。时代潮流的变化真令人防不胜防。

其实,2007 年 8 月,当高盛旗下大张旗鼓投入运转的 Global Alpha 基金被爆经营受挫,有可能遭受巨大损失时,高盛的衰退就已见端倪。

这一新商品是高盛与业界其他公司合作,在精确分析过去资金运营方面数据的基础上推出来的。高盛认为它能保证绝对的高收益,堪称史上最强的自信之作。

由于 Global Alpha 基金是在借助电脑彻底分析市场上对冲基金的成功案例后建立的一个近乎完美的基金,所以高盛甚至夸口说可以将手续费和运转费用控制在最小范围内。

可是,与高盛的宣传完全相反,这个 Global Alpha 基金后来被卷入次贷危机,损失超过 100 亿美元。虽然高盛否定这点,但该基金 2007 年的收益率竟是负增长 40%,给高盛的名誉造成极大损失。

由此可见,对于对冲基金和一直延续下来的金融商业模式来说,2007 年是一个巨大的转折点。总之,基金中优胜劣汰的现象相当明显。

与高盛形成鲜明对照,对冲基金却在这具有转折意味的一年中收获颇丰。它们中的大多数,如果只看 2007 年的经营效益,平均都超过 13%,创下过去 4 年来的最高记录。而同时期的标准普尔(S&P)

500指数平均只获得4%的收益。

除前面提到过的西蒙斯基金外，其他还有很多基金取得了骄人成绩。例如，公司总部设在纽约的Paulson & Co.。该公司的运营金额为110亿美元，由于事先洞悉次贷危机，采取相应的投资战略，最终赢得了550%的史上最高收益。

该基金的创始人约翰·保尔森对众多金融机构盲目提供次级房贷的局面深感担忧，认定金融风暴迟早会发生。于是先发制人，趁住房抵押贷款公司和不动产价值下跌之前将大部分资金撤出了股市。

基金经理人必须具备准确预见未来的能力。投资就是预测未来，如果能够做出正确判断，投资就能获得丰厚的回报。可是，未来对于我们来说又是变幻莫测的。

只是约翰·保尔森的预言得到了验证。然后，他又马上把获得的巨大收益重新投资到石油、黄金、谷物等实物、外币和新兴市场中，以便进一步扩充自己的资产。

其他还有很多对冲基金也采用同样手法成功渡过了次贷危机的难关。

这些对冲基金之所以能够全身而退，关键在于它们都对住房抵押贷款公司的发展前景做出了正确判断，并能及时退出房地产市场。而且，它们和保尔森一样把黄金、谷物、石油和天然气等作为投资对象，所以进入2008年以来资源泡沫不断膨胀。

目前世界上有近1万家对冲基金在运转。受此次金融危机影响，优胜劣汰的趋势会变得更加明显。该行业的生存环境也会日益严峻。

被誉为“对冲基金之王”的乔治·索罗斯。(图 / 东方 IC)

投资大师乔治·索罗斯也错估了形势?

那么,被誉为“对冲基金之王”的乔治·索罗斯到底采取了哪些策略呢? 事实上,他也在秘密行动。

让人惊奇的是,索罗斯竟然曾收购过受次贷危机影响最严重的美国最大商业抵押贷款机构全国金融公司(CFC)的股票。对冲基金必须向美国证券交易委员会(SEC)履行信息披露义务。据 SEC 当时的数据显示,索罗斯投入了 3 400 万美元。不知是否因为他看穿了 CFC 股票会下跌,所以想通过卖空来大赚一笔。

2008 年 1 月,CFC 被美国银行收购。据之后 SEC 发表的数据表明,乔治·索罗斯率领的索罗斯基金在2007年12月31日时持有的CFC股份就已经为零。

事实上,索罗斯基金也买入过雷曼兄弟公司的股票。2008年3月底时大约持有1万股,但到6月底就已增加到947万股。索罗斯基金的拥有额占到雷曼兄弟公司总发行量的1.36%,按照6月底时的时价换算大约相当于1.8亿美元。

索罗斯最近在大量投资资源股,有人认为他是导致世界资源价格高涨的幕后主谋。其中最为有名的就是收购巴西最大国营石油企业——巴西石油公司(Petrobras)。2008年中期时投入了81 100万美元,该股因此也成为索罗斯的头号重仓股。

那么,索罗斯为何要收购雷曼兄弟的股票,或许是因为他觉得雷曼获注资后经营基础会更坚固。对此,华尔街的人们都在议论纷纷,认为万一索罗斯估计失误,雷曼破产,索罗斯基金至少损失11 000万美元。

事实上,索罗斯早就警告过人们。他在著作中曾提到,此次金融危机很有可能是1929年经济大萧条的再现。但即便是他也错估了形势。

根据美国对冲基金研究公司(HFR)的数据显示,体现对冲基金行业整体平均水平的基金加权综合指数 (HFRI Fund Weighted Composite Index),在2008年上半年时下跌了0.75%。HFR自1990年开始统计该指数以来上半年只出现过2次亏损,可见对冲基金行业正面临着严峻挑战。

对冲基金业绩排名的前10名中,有3家遭受损失。前面提到的奇才西蒙斯的文艺复兴科技公司(Renaissance Technologies)为15%,

法拉龙基金（Farallon Capital Management）为 8.3%，高盛(Goldman Sachs Asset Management)为 7.9%。

美国总统大选与对冲基金

此次美国总统大选中,奥巴马和希拉里展开了激烈的民主党总统候选人提名争夺战。与早已稳获提名的共和党候选人麦凯恩相比,民主党两位候选人的拉锯战一直延续到 2008 年 6 月的预选,其激烈程度甚至超过历史上任何一次大选。

美国总统大选既是体力较量,也是财力比拼。尤其是近年来,能否筹措到政治资金越来越成为衡量竞选者的一个重要标准。

那么,谁是资金的提供者呢? 事实上,以对冲基金为首的华尔街金融机构几乎都是助选资金的主要来源。

一直以来,不仅美国总统大选,议会选举也是如此,政治献金已成为竞选过程中不可或缺的一部分。投资基金和商品期货的专家们都各自押宝总统候选人,向他们提供竞选资金。

还有个现象非常有趣,美国企业习惯于双管齐下,同时向对立的政治阵营献金,而不是把宝都押在一个人身上。

可以说,预测选举结果已掀起一股商业浪潮。对冲基金纷纷使出浑身解数进行政治押宝,以体现自己高超的预测水平,提高企业知名度。

那么,首先让我们来看一下他们当时的预测。可以看出,他们都比较看好奥巴马当选民主党候选人。

他们认为,奥巴马和希拉里的获胜概率为 7 比 3。如果奥巴马胜出，他将有 60%的胜算能在 11 月的总统选举中打败共和党候选人麦凯恩,成为美国历史上第一位黑人总统。

当然,政治世界是一个充满不确定因素的世界,金融界的大师级人物有时也会判断失误。前面提到的索罗斯的例子就是最好的证明。然而,如果能够洞悉未来,那就意味着会在商业投资中处于相当有利的地位,所以他们通常都下了很大赌注。

由于受金融危机和景气衰退的双重冲击,华尔街对此次总统大选表现出异常关心的态度,政治献金金额刷新了历史记录。

不过,预测归预测,对于对冲基金的经营者和经理人来说,麦凯恩当选总统才是最有利的。因为麦凯恩会继续推行布什政府对年收入在 25 万美元以上富裕阶层的减税政策。而对冲基金的客户源正是这些富人们。最有可能代表并拥护他们利益的人就是麦凯恩。

但是,一般有钱人都把共和党视为搞垮美国的罪魁祸首。所以他们认定政权会交替到民主党手中,因此对希拉里抱有很大的期望。

前总统克林顿当时推行的政策都有利于 IT 和不动产行业的蓬勃发展,并给美国经济注入了活力。而且,克林顿夫妇在华尔街金融界拥有众多的朋友和支持者。所以从某种意义上来说,如果希拉里当选为美国新一届总统,对对冲基金行业不会有太大不利影响。

相反,如果奥巴马胜出,他将取消布什政府的减税政策,并对富人提高税收。这对富裕阶层来说无疑是个沉重的打击,而对冲基金的主要客户源又恰恰是这些富人们。

总之,对冲基金行业,更确切地说应该是华尔街,他们最不愿看到的就是奥巴马当选为总统。

最不被看好的总统——奥巴马的诞生

尽管如此，对冲基金行业最终还是把目标锁定在奥巴马身上，积极地进行政治献金。

2008 年 4 月，奥巴马就已从对冲基金排名前 10 的基金经理人和预测专家们那里获得了巨额捐款(《Alpha 杂志》的调查)。当时,希拉里得到的捐款总额为 860 万美元,而奥巴马得到的捐款总额高达 4 250 万美元,明显具有压倒性优势。

其实,这些钱都是奥巴马阵营通过因特网,由普通老百姓用 10 美元、20 美元这样的小额捐款成功聚集而成的。他们联合在网络拍卖和社会网络领域取得巨大成就的众多专家,利用网络优势来进行募捐等各类活动。

这引起了对冲基金经理人的极大关注，他们确信奥巴马能获胜。于是,他们都把更多的政治献金投向了奥巴马。具体来说,以乔治·索罗斯为首,蓝山资本(Blue Ridge Capital)的创始人约翰·格里芬(John Griffin)、大本营投资集团(Citadel Investment Group)的肯尼斯·格里芬(Kenneth Griffin)和孤松资本(Lone Pine Capital)的斯蒂芬·曼德尔(Stephen Mandel)等对冲基金行业的领头人都纷纷向奥巴马提供巨额捐款。

当然,也有些大型对冲基金是支持希拉里和麦凯恩的。例如,前面已多次提到的文艺复兴科技公司的詹姆斯·西蒙斯就为希拉里提供了全面的资金援助。希拉里的女儿切尔西目前在纽约艾威基金(Avenue Capital Group)工作。该公司总裁马克·拉斯利不仅向希拉里提供政治捐款,还允许切尔西休假为母亲竞选出力。

2009 年 1 月 20 日,美国华盛顿,总统奥巴马宣誓就职成为美国第 44 任总统。图为就职典礼上奥巴马和他的家人。(图 / 东方 IC)

不过,众多对冲基金的经营者和基金经理人都觉得现在很难再进入希拉里阵营,对捐款有所顾虑。因为希拉里已经和克林顿时代受重用的史蒂芬·拉特纳、艾弗考尔合伙人公司(Evercore Partners)董事长罗杰·奥尔特曼等华尔街巨头私下达成协议,答应当选后会任命他们担任要职。

奥巴马在这方面和希拉里不同,他与对冲基金行业完全没有任何关联,所以大财团纷纷出资援助。

那么,最被人们看好的麦凯恩的情况又是怎样呢?

麦凯恩的妻子辛迪出身豪门,父亲是美国最大啤酒分销商之一汉斯利公司(Hensley & Co.)的创办人。她继承父亲的股份成为汉斯利啤酒经销公司主席,是美国有名的资产家。所以,麦凯恩有雄厚的经济实力,对冲基金即使提供援助也很难得到回报。他所有的竞选资金都由汉斯利家族提供,被认为是最富有的参议员,甚至还乘坐私人飞机奔赴各地竞选。

因此,2008 年 9 月华尔街崩溃后，金融救援方案在议会通过后引发普通民众的强烈不满,这对麦凯恩来说相当不利。

就这样,奥巴马成功获选。金融界当时的预测得到了验证,但对于他们来说,这一结果是最不满意的。

因为奥巴马坚决反对延长 2010 年到期的前布什总统实施的减税政策。而且他还主张上调资本收益税,赞同废除该法案。

奥巴马的经济顾问是前克林顿政府财政部长罗伯特·鲁宾。他和保尔森一样,都曾担任高盛银行董事长。据报道,高盛在竞选期间向奥巴马阵营捐赠了 69 万美元。

因此,华尔街的未来会怎样,背负着房贷的低中收入者的生活又会怎样,这些只有等到奥巴马政策出台后才会揭晓。

究竟谁该为华尔街的崩溃负责?

2008 年 10 月 3 日，美国政府提出的金融救援方案(Emergency Economic Stabilization Act of 2008)历经波折,终于在众议院获得通过。根据该方案,今后将投入 7 000 亿美元的资金用于救助金融机构。

可是,危机并没有得到彻底解决。CDS 这一金融炸弹随时都有可能再次爆炸。

而且，新总统的诞生也没有给美国人民的生活带来多大改变。车子依然滞销,外出吃饭次数明显减少,纽约的五星级和三星级饭店一片冷清。谁都觉得今年的圣诞节不会再像往常那样热闹,美国完全丧失了活力。

究竟奥巴马应该通过哪些途径来确立新的金融秩序呢？为了美国，也为了全世界，美国金融界、政治家和专家们都在竭尽所能寻求对策。

不过，在确立新秩序、修正金融资本主义的同时，也应该好好地反省一下过去。

20世纪80年代爆发S&L（美国储蓄信贷协会）危机时，美国成立了资产重组托管公司（RTC）来处理不良资产。由于动用了国民缴纳的税金，所以S&L的经营者无一幸免，甚至还有数百人被追究刑事责任。

然而，这次的危机比S&L那时候更严重。

因此，我们有必要好好反省一下。美国经济再现1929年时的大萧条，究竟谁应该负全责？为何谁都没能阻止对冲基金和投资银行发生的惨剧？罪魁祸首到底又是谁？

联邦议会里占据主导地位的民主党领袖南希·佩洛西众议院议长，在金融救援方案获得通过后召开的发布会上曾指出，过于宽松的规章制度引发了目前的一系列混乱。有必要采取措施以防止华尔街的野心家们再次威胁到美国人民的安定生活。

虽然美国已有多家媒体围绕谁才是始作俑者这一问题展开了激烈讨论，但最后只能认定华尔街的所有人都难逃罪责。当然，投资银行的经营者也应负起一定责任，正因为他们发明了次级房贷证券化等具有欺诈性的金融商品并大量贩卖，同时自己也进行大规模投资，最后才导致危机的爆发。此外，还包括一些投资家和基金经理人。

不过说到底，这一切都应归结于我们人类无止境的贪欲。

10 月 23 日的议会听证会上,美联储前主席格林斯潘受到了议员们的强烈指责。(图 / 东方 IC)

而且,联邦政府的政策也在一定程度上助长了人们的贪念。它标榜新自由主义经济,放宽规制,甚至放任投资银行和对冲基金。

最近 20 年来, 一直操控着美国金融政策中枢的就是已被人们当成神那般来敬重的艾伦·格林斯潘。他从 1987 年到 2006 年一直担任美联储主席,就任后不久爆发了一场被称为“黑色星期一”的股灾,他不仅运用巧妙的金融政策成功渡过难关,而且还使美国经济在 20 世纪 90 年代进入了高速发展的黄金时期。

格林斯潘的政策,用一句话来概括就是自由市场经济政策。S&L危机过后,1994 年美联储获得了监管住房抵押贷款的权力, 但格林斯潘从来没有真正履行过。

美联储自2001年以来一直实施低利率政策，但人们认为这是造成房地产泡沫的一大要因。由于美联储坚信低利率和高房价可以给经济整体带来流动性,结果导致美国房地产过热。

然而,当2005年4月房地产泡沫日益凸显时,格林斯潘依然认为次级房贷有利于社会公益,政府没有必要介入。

当然,除美联储外,美国财政部货币监督署(OCC)和各州政府也对泡沫经济视而不见。或许有人会为OCC辩护,认为OCC的监管对象只有银行,监督次级贷款已超出OCC的权限范围。但如果这样说的话,美国储蓄机构监管局(OTS)的权限也就仅限于储蓄机构了。

此外,如前所述,美国证券交易委员会(SEC)能够监管公募债券,但对对冲基金等私募债券却没有形成有效的监管机制。

就这样,如果人们只是忙于互相推卸责任,那么美国的危机将会一步步加深。

《金融服务现代化法案》的大失败

美国是从20世纪80年代里根政府开始实施新自由主义经济，主张把金融作为国际战略,缓和各类规制。里根总统实施的一系列经济政策拖垮了苏联,造就了美国20世纪90年代的辉煌,但具有讽刺意义的是,这些政策也同样使美国自身走向崩溃。

20世纪90年代,克林顿政府也主张缓和金融规制。1998年美国长期资本管理公司(LTCM)遭受巨额损失破产后,尽管人们担心金融体系会受到影响,但第二年还是出台了《金融服务现代化法案》(Gramm – Leach Bliley Act)。

该法案允许并提倡银行业、证券业和保险业之间的联合经营，增强金融机构之间的竞争，再加上金融投资技术的发展，金融衍生品剧增。

可以说，如果没有该法案的实施，或许保险巨头 AIG 不会拥有这么多的 CDS，投资银行（原来是证券公司）的杠杆投资也达不到很好的效果。

1933 年，考虑到金融机构引发了一般家庭的投资热，美国政府制定了《格拉斯·斯蒂格尔法》（Glass – Steagall Act：The Banking Act of 1933），对金融业实行严格的分业监管和分业经营。从此，证券业务完全从银行业务中分离出来，一直独立发展至今。然而，该法案在 1994 年被废除。主张废除该法案的人是前参议员费尔·葛拉姆，他就是参加此次总统选举的共和党候选人麦凯恩的经济顾问。

华尔街危机爆发时，奥巴马批判《金融服务现代化法案》，指出该法案没有促进金融制度和金融界的效率化，只不过使花 3 亿美元用于国会游说的金融机构之间的合并变得更加容易。但提出该法案的人是曾担任克林顿政府财政部长的罗伯特·鲁宾和劳伦斯·萨默斯。而这两人现在都是奥巴马阵营的经济顾问。

由此可见，不管是美国的政治家还是经济界，私下都有关联，对于他们之间的关系很难做出正确判断。

总之，并不仅仅是华尔街的错，是美国人的贪欲最终导致危机的爆发。

德国关于严格监管对冲基金的提议遭强烈反对

从 2004 年开始，对冲基金的剧增和失控引发了许多问题。不但对冲基金之间的资金争夺战逐渐升级，而且还出现一些性质恶劣的基金经理人，他们粉饰基金的资产和业绩，利用共同基金进行不正当交易。

由于资产评价和业绩评价标准不够规范，结果导致他们钻空子，虚假夸大资产和收益，收取不正当的手续费。

最初，对冲基金的投资家只限于富裕阶层。然而，2002年之后，以中间阶层的投资家为对象的复式基金（Fund of Funds）飞速增长，这也是华尔街危机爆发的一个原因。这些对冲基金的最低投资额为5万美元左右，事实上和面向一般投资家的投资信贷已经没有多大差别。

按照以前的标准，对冲基金投资家必须拥有100万美元以上的净资产，年收入最少也要达到2年20万美元。最低投资额一般为10万～20万美元。

很明显，对冲基金和投资银行已经完全扭曲了世界金融。美国国内很多人对此都感到很担忧。

然而，最严重的警告是来自于国外。

2007年6月，在八国集团（G8）峰会召开之前，身为议长国的德国提出了一个题为“严格监管对冲基金”的方案。

由于对冲基金造成国际股市和资源市场价格暴涨暴跌，所以对于欧洲各国来说，这会妨碍它们国家经济的正常运转。

但是，德国的提议遭到美国和英国的强烈反对，最终没有被采纳。英美两国认为对冲基金能给市场注入活力，根本没有必要加以限制。

而日本没有发表任何言论，可以说是站在英美一方的。

美国的金融机构和政府几乎已融为一体。包括保尔森财政部长在内,很多金融机构的大人物都是政府官员,而且政府高官到金融机构任职的也不少。他们自由穿梭于官和民之间。

事实上日本也如此。但是,这样的国家根本无法对金融机构加强管制。

华尔街危机爆发后,美国证券交易委员会(SEC)开始积极强化各类规制,禁止卖空金融股,防止股价下跌。

美国国内有近 1/5 上市公司的股票被禁止卖空,其中还包括 IBM 和 CVSCaremark 等跟金融机构一点关系都没有的企业。可是,纽约股市的股价并没有停止下跌。

就在金融救援方案被批准那天,道琼斯指数都下滑了 150 点以上。

现在美国正处于圣诞节前夕的消费旺季,可是经济依然不景气。

靠欲望支撑的借贷经济是无法持久的。

国会听证会上态度突变的雷曼首席执行官

"为什么要让我们交税来救那些在华尔街开派对的人"？"对中小企业视若无睹，却去救金融机构，又是什么道理"？

这可能是美国普通民众最真实的感受。底层的贫困阶层更是叫嚷着："开什么玩笑！让有钱人把钱吐出来！"好像随时都有可能发生动乱。

不管怎么说，这次金融危机的诱因是雷曼兄弟公司首席执行官理查德·富尔德于2005年抛售了8 900万美元公司的股票，2006年又一次大量抛售，两次抛售获利超过1亿美元。

金融救援方案规定，美国公民应交纳的税务总额是7 000亿美元，如此一来，人均交税2 300美元，平均每个家庭交税6 000美元。

但受到救济的大公司总裁有巨额收入。据《福布斯》杂志每年调查的"美国大公司首席执行官收入榜"显示，2007年收入总数是(包括工资、奖金、有权享有的股份收益以及有权支配的股票）平均每人1 280万美元。公司的首席执行官况且有此等收入，更不用说金融机构的首席执行官了，这次垮掉的五大投资银行的总裁在过去5年间的总收入竟高达约30亿美元。

被称为次贷危机“元凶”的美国全国金融公司2008年7月由于经营困难，被美国银行收购，当时在职的首席执行官兼创始人安吉罗·莫兹罗从中获利1亿美元之多，遭到议会质疑，还被要求出示个人资产证明。

2008年10月6日，美国国会传唤雷曼兄弟公司前首席执行官富尔德出席听证会（众议院监督与政府改革委员会），并于会上对其进行强烈地问责。会上，富尔德看了一份薪酬统计，当被众议员质问“您的银行濒临破产，我们的国家正在经受经济危机，而您却可以领这么高的薪酬，这说的通吗”时，其极力为自己辩解，坚持宣称：“虽然数目有些大，但收入的大部分都来自雷曼股票……”

雷曼破产后，当被问及高盛公司和摩根士丹利这两家银行是否通过向银行控股公司过渡而在事实上获得了救助时，富尔德明显表现出对政府的不满，他说：“我公司之所以会倒闭，罪魁祸首就是对冲基金。要是对金融机构进行救助的美国政府能够及早对雷曼公司做出反应，那将会给雷曼以巨大的帮助。”

从富尔德在听证会上的发言就可以看出富尔德始终认为责任并不在他。他强调：“像这样的金融危机是无法预计的，他到目前为止仍然持有1 000万份以上的雷曼股票，而现在雷曼股票一文不值，所以他本人才是最大的受害者。”

富尔德的这一态度自然在听证会上引来了一片骂声。

骄傲的自尊心使其无法接受现实

理查德·富尔德从科罗拉多大学毕业后，在纽约大学斯特恩商学院上夜间课程，攻读工商管理硕士学位，同时自1969年起，供职于雷曼兄弟公司。可以说他是一个几乎将自己的全部人生奉献给公司，让日本工薪阶层都甘拜下风的极具爱社精神的工作狂。

正因为如此，在他眼中除了公司还是公司，一直以来他都一心只谋划着如何扩大公司利益，为公司盈利。

事实上早在1984年雷曼兄弟就曾经一度破产。奥·兰达在《华尔街的欲望与荣光——雷曼兄弟的垮台》中就这一事件做了详细描述。据该书介绍，富尔德性格刚烈，为人高傲自负且内向。1984年，雷曼最终被美国运通收购。之后，富尔德在公司内部竞争中博得上位，使雷曼重新独立，而他本人则成为重新独立后的雷曼兄弟的首席执行官。

在他的领导下，雷曼将不可能变成可能，成为一家可以与包括高盛在内的华尔街各大著名企业相媲美的公司，并在20世纪90年代后获得了巨大的发展。

对于富尔德的竞争对手而言，富尔德就像一只“大猩猩”，大家对他都敬而远之；对于雷曼而言，富尔德是救世主；《商业周刊》曾经称他为“华尔街的斗牛犬”，认为富尔德是“美国最受尊敬的最有魅力的首席执行官”。

可惜现在的富尔德是个独裁者，人事任免上独断专行，凡是反对自己的人他都一律开除，毫不留情。2004年选择得力部下桥·格里高利作为他的继承人，并提拔其为雷曼首席运营官，而他自己则以雷曼“帝王”自居，过着悠闲自得的日子。

正因为如此，2008 年 3 月贝尔斯登公司的经营危机暴露后，富尔德只是表示：“最坏的时期已经过去了。”（《华尔街日报》报道）他显得非常镇静。

但事实上雷曼的状况已经在一天天恶化，甚至可以说已经陷入了非卖公司不可的窘况，尽管如此，富尔德仍然固执地不肯接受现实。

“某银行人士这样评价：‘迪克（理查德）对于出售公司一事的抵抗是一种病态的表现。’即使雷曼股价持续下跌，明明对将来充满不安，但富尔德仍然坚持拒绝一切低于雷曼市场价格评估的收购（如韩国产业银行）”。（摘自《金融时报》2008 年 9 月 16 日）

即便如此，富尔德最终还是不能无视雷曼即将倒闭的这一事实，可是在公司倒闭之际，富尔德在宣布破产的三天前，居然还发给公司高管每人 20 亿日元的离职金，由此他的社会责任感可见一斑。

不仅如此，更令人震惊的是，据说富尔德在公司倒闭后，还出入雷曼大厦高级健身房，若无其事地进行短跑等锻炼。当时在场的一位雷曼管理人员看到富尔德后，悄悄地靠近，嘴里骂着：“你这个不负责任的东西！”一拳朝他脸上挥了过去。

上述这则来自《金融时报》的报道在最后总结到：正是因为富尔德将毕生的心血都倾注到这家银行，所以心理上才会无法接受它的衰退。要是能够早点卖掉，那么雷曼说不定还有生还的可能。

是的，华尔街有时会让人感觉麻痹，这在日本企业也是一样的。最先使企业陷入困境的大多是那些两耳不闻窗外事，一心扑在公司上的高层。

经济发展了,贫富差距拉大了

这样看来,金融危机说到底是因为金融界人士缺乏社会责任感和社会道德而引起的。金融资本主义体系本身并不物欲横流,而是人自身对于金钱的贪婪。

罗马教皇本笃十六世在梵蒂冈召开的枢机会议上说:“今后还会有更多的银行破产。金钱会变得不再值钱。在沙地上建造豪宅是不会长久的。”以此来告诫华尔街的金权主义者,希望他们能“回头是岸”。

事到如今,美国议员和总统候选人才纷纷开始对华尔街进行发难。

关于金融救援方案,共和党领导人,前美国国会众议院院长钮特·金里奇首先表示反对,他指责:“太过分了,这个法案不行。”他还批评美国财政部长保尔森,白宫拥有来自高盛公司的经济顾问,却被他们蒙在鼓里。高盛能够随心所欲地指挥白宫和财政部,现在民众都称之为“政府高盛”。同时,总统竞选人约翰·麦凯恩也严厉地斥责首席执行官们的贪婪,还批判“受到政府救助的企业高管的报酬,没有理由比最高薪政府官员的还要高”。

民主党领袖兼国会议长南希·佩洛西也愤怒地表示:“我想要告诉那些一边搞垮自己公司,一边却卷走巨额离职金,在公司危机时刻,自己乘着镶金降落伞一走了之的各位首席执行官,你们的派对已经结束了。”

但是事到如今,批评、指责都已于事无补了。之前对华尔街的无序放任自流,对金钱游戏视若无睹的不正是立法院的主人们(议员)

自己吗。

结果导致1990年以来，美国贫富差距逐渐拉大。一般来说，随着经济增长，资金会在社会各个领域、各个角落流通，从而带动全社会富裕。“收入差”也理应缩小。

纵观美国近100年来的收入差，尽管1916年仅占全美人口0.01%的一小部分高薪人士的报酬占美国国民总收入所得的近4.5%之多，但总的来说，有钱人的财富聚敛仍然在减少，1971年已降至0.5%。

但1970年开始，在里根政权新自由主义经济政策的推动下，财富聚敛逆流而上，迅猛发展。到1998年，0.01%的高薪人员的收入已高达国民总人口收入的3%。

近10年来，美国经济以过去任何时期都无法比拟的速度迅速成长，25年间国内生产总值翻两番，人均生产总值增长约70%。但同时，贫富差距也不断扩大。一时间涌现了大批亿万富翁，而他们将资金和资源牢牢地揣在自己的怀里。

据《福布斯》2008年度“世界亿万富翁”的调查显示，全世界共有1 125人当选。当选者来自世界各个地方，仅美国人就有469人，占总人数的近一半。这里顺便提一下日本，亿万富翁是指年收入超过1 000万美元的阶层，日本有24人被列入其中。

而且，在美国，收入排名前20%的人，工资每年递增约3 000美元。相反，垫底的20%，工资每年只增加68美元。前20%的人员工资收入占国民总收入的50%以上。

如此巨大的贫富差，必然导致华尔街穷人对富人的不满。

但话说回来，在美国，人们潜意识里认同“富人即英雄的文化”，所以即使贫富差距扩大，国民仍然支持资本主义，在资本主义世界里站稳脚跟的就是胜利者，国民给予胜利者的是英雄般的待遇。美国民众都争相想通过努力和才能成为百万富翁，而恰恰是国民的这一“美国梦”，助长了华尔街的气焰。

现在，越来越多的人已经意识到所谓的“美国梦”以及华尔街的繁华都是虚假的产物，是泡沫。

而且金融救援方案本身就有明显的道德缺陷。正如雷曼首席执行官富尔德一直抱怨的那样：“为什么高盛可以得到政府救助，而雷曼却不行？又为什么只有金融机构可以得到救助，而普通企业却不行？”这些疑问的产生，正是因为金融救援方案缺乏明确的“基准”，容易引起“道德风险”。

只救高盛，为什么？

通过金融救援方案，美国财政部长亨利·保尔森就有权控制经济和金融。不管怎么说，代表美国的金融机构大多数都国有化了，所以作为财政部部长的他自然想要将所有的金融机构都掌控在自己的手里。

“这样一来，保尔森不是成了独裁者了吗”？即使公众对保尔森有这样的疑问，他也依然在推行金融救援方案。

众所周知，亨利·保尔森曾在有犹太背景的高盛任职过。光头、魁梧的保尔森财长出生于 1946 年，现年 62 岁。他出生于美国佛罗里达州，在芝加哥近郊的一家农场长大。1970 年在哈佛大学就读，并获得 MBA 学位。毕业后最早是在国防部任职。

在国防部，他担任国防部部长幕僚助理一职，之后在尼克松执

2008 年 9 月 23 日，出席美国参议院银行住宅都市委员会听证会的财政部长保尔森(左)和联邦储备委员会会长伯南克(FRB)(图 / 东方 IC)

政期间，保尔森在总统顾问亚列舒曼手下工作。这个亚列舒曼就是“水门事件”的真正幕后推手。亚列舒曼投靠尼克松后，对当时敌对的民主党议员以及共和党内部有力竞争者实施了一系列非法窃听，将未来有可能成为敌人的政治人物一一拉下马。

保尔森从亚列舒曼那儿学到了他那臭名昭著的情报收集手段，1974 年进入高盛集团后，成功地将自己的竞争对手逐个铲除。特别是 1998 年，保尔森打败当时公司的共同领导人约翰·克尔金，于 1999 年正式成为高盛首席执行官。那时的权术之争至今仍是人们的谈资。保尔森，一个为了踢走自己的竞争对手而不择手段葬送对手前程的男人。

2005 年，他就任美国财政部部长。在就任采访时，他表示：“将努力发展和维持美国的经济实力和竞争力。”而不到一年，他的承诺就兑现了。

现在，称保尔森是实质上的美国总统也并不过分。可以说他掌握着华尔街各大金融机构的生杀予夺权。保尔森提出的金融整改体制是由他所信任的经营集团包括他的旧东家高盛集团、花旗银行以及摩根大通组成一个经营阵营，联合支配。拿出7 000亿美元税金救市的正是这位保尔森财长。他现在还策划将欧亚的金融机构也纳入其控制之下，以他的实力来说，这不是没有可能的。

本书第四章提到过，在美国，在“官”和“民”之间来往是非常稀松平常的，保尔森就是典型的代表人物。回顾这一年来以保尔森为中心的美国金融界的动态，我们有理由相信投入税金救市的金融救助方案也许是美国政府一早就计划好了的。

当前局势相当于美国整个国家都将面临破产，为了躲过这次破产危机，恐怕布什政权内部早已有了决定，非实施金融救助不可了吧。

而根据布什政权所制定的这一方针，高盛出身的保尔森财长制定了方案，开始着手华尔街金融市场的整改。

将高盛和摩根大通两家大投资银行转型为普通银行，除此之外对其他任何企业都放任自流。这样就把华尔街失败的责任全部推卸给其他银行。也就是说，雷曼成为政府向市民交代的牺牲品。

在策划上述一系列事情时，保尔森打出了一张王牌，即他请到全美最成功投资家沃伦·巴菲特站在他这边，为他说话。

成功说服世界第一大富豪投资

沃伦·巴菲特是每一个美国人都尊敬的响当当的大人物，大家爱称他为“奥马哈贤人”。

巴菲特是世界最大控股公司伯克希尔·哈撒韦公司的最高经营者,他于2007年最终登上了世界首富的宝座,个人资产高达620亿美元。

巴菲特早在11岁时就开始了投资,购买了人生的第一只股票。之后,他将勤工俭学挣来的钱作为本金,开始从事真正的投资活动。从那以后,他只购买自己熟悉业务的企业所发行的股票,一直以来,他都信奉“购买的不是股票而是公司”这一商业哲学,这才铸就了他今时今日的地位。

尽管巴菲特是世界第一富豪,但他的生活非常质朴。至今仍住在他1958年以31 500美元购买的位于奥马哈郊外的房子里。他靠伯克希尔·哈撒韦公司发给他的每年10万美元的生活费生活,而另一方面,他于2006年6月宣布将其资产的85%,约374亿美元分别捐给五个慈善集团。这是美国历史上数目最大的一次捐款,而他的这一举动也让更多的美国人对他产生了敬意。

保尔森正是说服了这位德高望重的巴菲特先生,使其同意投资保尔森的老东家高盛集团50亿美元。

获得了这笔投资的高盛集团,就可以理直气壮地对外宣称公司财务状况非常稳定,如此一来,在其他金融机构股价迅速暴跌之时,高盛的股价却在上升。仔细分析的话,不难发现,这是布什政府巧妙地利用“暗箱操作”使高盛独赢。

之前,将石油价格压低的科威特投资局及阿布扎比投资局等,一系列主权财富基金正在进行收购高盛的活动。但当巴菲特站出来以后,关于收购高盛的所有活动终于都停止了。世界上最权威的市

沃伦·巴菲特在这次经济危机中积极采取行动(图/东方 IC)

场分析家巴菲特成为高盛的最大股东,使高盛能置身于经济大萧条之外,巴菲特的入股是"我们高盛没有问题"的最好证明,高盛打了一场漂亮的公关仗。

与巴菲特孤军奋斗相反

要是巴菲特的市场感觉真的是世界一流的话,那么这次的金融危机对于资本家来说也是一个千载难逢的商机。因为不仅仅只有巴菲特可以,你也可以以低价收购那些目前暂时资金不足的但底子优良的企业。可惜的是,面对股价的暴跌,许多投资家都胆怯了,如今只有巴菲特一人在孤军奋战。

成为高盛集团的大股东,巴菲特不可能没有进行估算。之所以这么说是因为巴菲特的投资哲学第一条就是“盈利”,而第二条就是“勿忘第一条”。

除高盛外,巴菲特还陆续向其他企业进行巨额投资,其中,他以10亿美元收购了总部位于巴尔的摩的美国联合能源公司,这个价格与一年前相比,仅是上年的1/4。另外,继向高盛注资50亿美元之后,他又向美国通用电气公司投资30亿美元。

其实无论是巴菲特的伯克希尔·哈撒韦公司的各项投资,还是美联银行最终打败花旗银行,与富国银行达成收购协议,成为富国银行大股东,这些都与保尔森推行的金融整改政策有密切的关系。

关于巴菲特着手巨额投资的理由,美国媒体做出了如下陈述:

“美国正在遭遇‘经济珍珠港’,整个国家陷入一种紧急状态。若连续几周都没有对策,那将无法打赢这场‘经济珍珠港战役’。”

“优秀的运动员因心脏病突发而倒下了。而面对濒死的患者,救护人员并不是立即实施救援,而是开始责怪患者本应该更加关注自己的血压情况。当前最重要的应该是对患者进行抢救。当然,这里所说的优秀运动员实际上就是美国经济。”

只是巴菲特投资的背后,上面提到过的保尔森的老东家高盛正在开展一系列计划性的行动。之所以这么说是因为2007年7月以来,以前在高盛跟随保尔森的一些高管已经打开降落伞,秘密地安插到美国各个金融机构。

现在想来,这可以说是为了实施注入税金而事先进行的周密部署吧。

很明显，保尔森率领的财政部打着“克服房产泡沫”的名义，实际上是要上演一场金融整改的戏码。高盛出身的财长以号称史上最大金融危机为挡箭牌，暗地里策划吸收包括日本在内的外国资金，创建一个强大的市场独占体制。

“金砖四国”投资，效益巨大

高盛与保尔森的关系就像保尔森与中国的关系密切那样世人皆知。近10年来，保尔森几乎每个月都到中国进行访问。

保尔森最大限度地利用他同中国之间的情谊，使高盛能稳稳地独占中国国有企业上市市场。中国移动通信、平安保险、中国石油天然气以及中国银行等大型企业上市企划案，无一例外地均由高盛主策划，并在纽约以及香港市场取得了巨大的效益。

保尔森从中国的环境存在的问题入手，逐步深入中国市场。保尔森偕同夫人长年担任世界最大的环境保护组织“大自然保护协会”董事，针对中国面对的“环境污染”及严重的“沙漠化”问题，保尔森给予了全方位的帮助。

2003年，高盛公司打着“与金砖四国一起梦想”的旗帜，正式着手面向新兴市场的投资基金活动。事实上，“金砖四国”这个词是保尔森等人为了出售自己的金融商品而创造出来的新词。

高盛公司发表了一份面向投资家的报告：中国将于2039年在经济规模上赶超现在掌握全球经济话语权的G7，成为世界上最大的经济大国。这份报告向世人展示了一副充满希望的无比美好的中国前景。报告一出，世界各国的投资家纷纷将目光投向中国，中国成功地引进了外商投资，而高盛也与中国一起分享胜利果实。

高盛向投资家承诺投资金砖四国基金必能得到高息回报，但随着华尔街的崩溃，世界经济大萧条，预期的高息回报化成泡影。次贷危机爆发后，全球经济“脱钩理论”复燃，大肆宣扬俄罗斯等新兴国家的经济绝对不会受美国经济的影响，民众大可以放心。

所谓“脱钩理论”是指“非连动”，这一理论相信即使美国经济衰退，俄罗斯等新兴国家的经济增长的强劲势头也能力挽狂澜。

值得注意的是，虽然东亚、东南亚等国家在过去一段时间里经济发展迅速，但这些国家都发生了不同程度的通货膨胀，进口大幅度减少。受发达国家股价的连带影响，金砖四国的股价也发生暴跌。

仅日本就将近2兆日元的金砖四国投资基金抛出，虽然日本投资家也曾憧憬俄罗斯以及印度的未来，但如今，往日美梦已不再，憧憬原来是噩梦一场。

这一噩梦的始作俑者便是保尔森，他一方面用7 000亿美元税金救市，一人独揽美国金融界大权，另一方面又致力于与世界各国通力合作，努力摆脱危机，我们不得不说这其中必有猫腻。

迈克尔·摩尔导演的《华尔街救济计划》

要说布什政府的最大批判者，无疑是执导《华氏911》、《病人》等多部电影的导演迈克尔·摩尔。如今他又对华尔街发生的事情感到愤慨。

他将自己的不满用文字来表达，在互联网上发表了一篇题为《华尔街混乱的整治方案》。文章发表在他的个人网站上，由于网站注明转载自由，所以这里我们引用文章开头部分。（http://www.michaelmoore.com/words/message/index.php?messageDate=2008-10-01）

“各位：

最富有的 400 个美国人,没错,‘只有 400 人’。正是这 400 人拥有生活在底层的 1.5 亿人资产的全部总和。最富有的这 400 人藏匿了全美过半的资产。净资产总值高达 16 000 亿美元。在布什执政的 8 年间,这些富人的资产膨胀了‘近 7 000 亿美元’。这个数目正好同美国政府要求我们支付的经济救济金的数额相同。他们明明有钱,为什么不自掏腰包自救呢！

显然他们并不打算自掏腰包。至少他们不会自觉地将自己的钱拿出来。乔治·沃克·布什从克林顿手中接手政权时,国库有 1 270 亿美元盈余。这笔钱是我们百姓的,而不是他们的私人财产,但那些富人却本末倒置,将那笔属于百姓的钱占为己用。结果导致现在国民负债 95 000 亿美元。到底为什么我们必须为这批强盗还债呢”?

迈克尔·摩尔导演还在正文中带有讽刺意味地提出一项独一无二的华尔街“救济计划”。他的提案内容具体、详细,下面我们就文中重点内容进行介绍。

（以下摘录的文字均引用原文）

1. 在法律允许的条件下，将此次危机责任人以犯罪名义向华尔街当地法院起诉,并任命特别检察官。
2. 救济经费由富人们自己承担。

a) 年收入超过 100 万美元的所有夫妇以及年收入超过 50 万美元的独身纳税人,5 年内应支付 10%的追加所得税。

b) 仿照大多数民主主义国家,向所有的证券交易征收 0.25%的税。这样国库每年收入就超过 2 000 亿美元。

c) 股票持有者都是爱国的美国人，所以大家将 2 年的股息收入上交给财政部,以做救济资金使用。

d) 现在美国有 25%的大企业完全不履行上交联邦所得税的义务。从企业征收的联邦所得税现在只占 GDP 的 1.7%，而在 1950 年占 5%。若按照 1950 年的标准征收企业所得税,那政府将有 5 000 亿美元的收入。

3. 紧急救济的对象应该是那些失去家园的人，而不是已经拥有 8 所住宅的老兄。(注:这里是在讽刺在美国拥有 7 处房产的总统候选人麦凯恩。)

接着,摩尔导演又写道:

“先更正一个说法,那些难以偿还住房贷款的人并不是什么‘不良信用’,他们和我们一样是正儿八经的美国公民,他们所希望的只不过是我们所有人都希望的,并且大多数人都拥有的一个属于自己的家而已。不幸的是,在布什政府统治时期,成千上百万的人失去了他们原有的好工作,而且所有的人年收入都减少了 2 000 美元。他们是受挫的美国经济所带来的一系列不良影响的受害者,鄙视这些受害者的人,你们的廉耻何在！只有当我们每个人都能住进属于自己的家，社会才能更加和谐，更加强大，更加安全，而人们也才能感受幸福。”

4. 你们那些银行、公司，即使从我们这儿只拿了微不足道的“救济金”，但只要拿了，那么我们就是你们的主人。
5. 所有的法令条文都应该得到恢复。里根革命已经是过去式了。
6. 我们不允许失败，也不允许巨头的存在。
7. 公司里职位再高的高管的报酬不得高于从业人员平均收入的40倍，除了为公司效力而应得的正当收入外，不得领取任何“降落伞”。（译注：离开即将倒闭的公司时领取巨额离职金等。）
8. 加强联邦存款保险公司职能，不仅对国民的存款和储蓄，同时也对养老金及住宅给予保障。
9. 人人都需要深呼吸，使自己的头脑沉着冷静，将恐怖从我们的生活中驱逐出去。
10. 建立民众的银行——国民银行。

迈克尔·摩尔这一提案的发表是在2008年10月1日，此后，众议院再次表决通过金融救援方案。但方案通过之后，道琼斯指数大幅度下降，全世界股票也随之暴跌。

结果，从雷曼破产到G7会议召开的一个月内，全世界损失14兆美元。

投资基金炒作，油价涨至史上最高值 147 美元

事到如今不用说也知道这次爆发的前所未有的金融危机正是人类无止境欲望的产物。危机爆发前，华尔街是名副其实的“欲望之街”，那里孕育了基金并且使之风行世界，以致产生了如今的泡沫经济。

这种欲望基金被称为“投资基金”，世界上所有的金融商品都离不开它，不仅如此，它还渗透到粮食、资源等领域。

无论是石油价格的高涨，还是粮食汇率的提高，这些都与实际的“供求平衡”无关，而是投机者炒作的产物。而所有的炒作都因雷曼的突然倒闭而暂时停止了。对冲基金是通过向银行贷款，利用杠杆操作对原油等资源进行投机的投机基金，当投资人资金不足而又被银行追债时，只能通过将其手头股票卖空买空来解决。

正因为如此，每桶近 150 美元的高涨的原油价格才暂时下滑。

但仅2007年至2008年的一年时间，原油价格反弹了2倍。2007年1月市场价每桶50美元，而同年8月则涨至每桶75美元。之后又升至每桶100美元大关，一年半后的2008年7月11日，纽约商品交易所的原油期货市场上原油价格以每桶147美元创下史上最高值。

2007年夏，次贷危机发生以后，在股票市场上无利可图的投资基金便开始一股脑儿地涌向价格操作较容易的原油市场。

对于投资家转向石油市场的这一举措，乔治·索罗斯也认为：这次原油价格高涨同发展中国家对原油的需求量剧增，而中东国家原油供给却每况愈下是密不可分的。但同时也不能忽视投机商的投机炒作。事实上，原油价格高涨有60%是投机商炒作出来的，炒作是投机商惯用的把戏。

总而言之，仔细考虑一下的话不难发现，到2008年8月为止，投机商迎来了“我们的春天”等。他们将原油价格炒高，从中获利。

但这种方法现在已经行不通了。

那么今后石油价格又会何去何从呢？让我们一边回顾以往的种种市场变化，一边一起展望未来吧。

炒作原油价格，弥补次贷损失

现在，世界石油日需求量为8 700万桶。

至今为止，期货交易所的石油交易量是目前石油日需求量的500倍。2003年，原油期货市场规模仅130亿美元，但2008年巅峰时期竟膨胀至2 600亿美元。

关键的是，进行原油交易并不是因为要用，很多人只是将原油作为生钱工具而玩石油期货。任华尔街的拜金主义者肆意妄为的正是原油期货市场的内部体制。根据该体制规定,购买期货时只需支付6%的保证金。

比如,购买每桶128美元的石油期货,保证金连8美元都用不着,重要的是利用杠杆操作将128美元升值16倍,这就是所谓的石油期货交易。

如此一来,“供求决定市场价格”这一经济学的基本法则已经不成立了。正是因为期货交易的这一体制,任凭石油价格上限如何难卜,对冲基金投机集团也能毫无顾虑地购买。

次贷危机爆发后,华尔街的金融机构都蒙受了巨大的损失,为弥补损失,他们纷纷投入原油期货市场。

其中,高盛也参与了石油价格的炒作。除此之外,摩根大通与雷曼兄弟也不甘落后,对冲基金以及代表华尔街的投资家们一起进入原油期货市场参战。

就这样,石油价格永无止境地高涨。只要泡沫不破就有盈利,自然没有人愿意中途退出。也许正是因为这样吧,为了炒高石油价格,投机商无所不用,出现了各种各样的怪招。

信息炒作原油供给不足

投机商对“事实”漠不关心。

他们一会儿发布“美国开始对伊朗宣战”,一会儿又称“中东石油已过鼎盛期”等,为了动摇市场,他们竭尽所能地散播谣言。如此一来,石油供给不足的谣言、信息四处流窜,而投机商则在每日交易所结束交易前,有计划地入市并炒作油价。

比如,2008年7月25日,荷兰一投机商被揭发涉嫌炒作石油价格,但恐怕这只是冰山一角吧。他们唯一关心的就是如何将石油价格炒高并在最高点脱手。

之前,号称"油价可能涨至每桶200美元",但因"布什总统允许开发海上油田"这一消息而形势急转直下,油价暴跌了15美元。这也是一次炒作。

事实上,散布种种未经证明的信息,预期股价会跌从而下手购买,对冲基金等投机商即使股价下跌也能从中获利。

那么,在油价炒作中真正的赢家到底是谁呢?

赢家是以对冲基金为中心的投机方的幕后集团。这里就不得不提到布什家族和切尼副总统以及唯他们马首是瞻的一群。

布什政府一直以来对伊朗和伊拉克采取的行动,目的就是为了制造原油供给不足的现象。

打开世界地图,原油生产地一目了然,中东,特别是波斯湾一带的石油储量至今依然是世界上最丰富的地区。其中,伊朗是世界上石油和天然气资源最丰富的国家。

也就是说,若能将伊拉克和伊朗从国际石油市场中分离出来独自控制,那么石油价格在某种程度上是可以人为控制的。如果再加上期货交易的杠杆操作以及信息炒作,那么石油价格与市场完全脱节也没有什么不可思议的。

伊朗、伊拉克——动荡的淘金地

美国历代统治者都以伊朗核问题为理由对其进行"经济制裁"。特别是2007年石油价格刚开始迅速上涨时,大家都认为对伊战争即将爆发,国际紧张感急速升温。就好像当年美国声称伊拉克拥有大规模杀伤性武器一样,现在美国也以“伊朗正在进行核试验”为由对其进行指责。

这样一来,“战争一旦开始,石油供给必然不足……”市场充满着不安的情绪,石油价格自然突飞猛涨。

可是虽然油价上涨,但由于美国一直以来对伊朗都采取敌对态度,所以伊朗直到现在仍然无法独立进行油田开发。在实施经济制裁时期,即使是美国的企业或者金融机构也不能在伊朗进行资源开发项目。

而且,许多欧洲企业因顾忌美国而不得不和伊朗保持距离。就连日本已经就开发“日之丸油田”一事同伊朗进行了谈判合作事宜,但由于美国施压而不得不放弃。

正因为受到美国的阻挠,伊斯兰革命爆发的 1979 年,伊朗日产油量为 600 万桶,而如今减少至 430 万桶。

总而言之,伊朗的现况,是布什政府所“乐见”的。

若伊朗的石油和天然气能供国际社会使用,那么原油供给不足的问题就能得到解决,而石油价格也能稳定。但这样一来,投机商就没有了财路。所以,与石油资本紧密联系的布什政府持续对伊走敌对路线,以控制伊朗丰富的石油流入市场。

伊拉克的情况也和伊朗差不多。虽然伊拉克拥有世界最大的油井,但 1999 年,联合国对其进行经济制裁,结果使其石油生产量降至 260 万桶。而且受那之后爆发的伊拉克战争影响,现在石油日产量只有 190 万桶。

布什政府当时宣称:“将侯赛因政府从伊拉克驱逐出去,伊拉克

【表 3:纽约石油价格的走势】

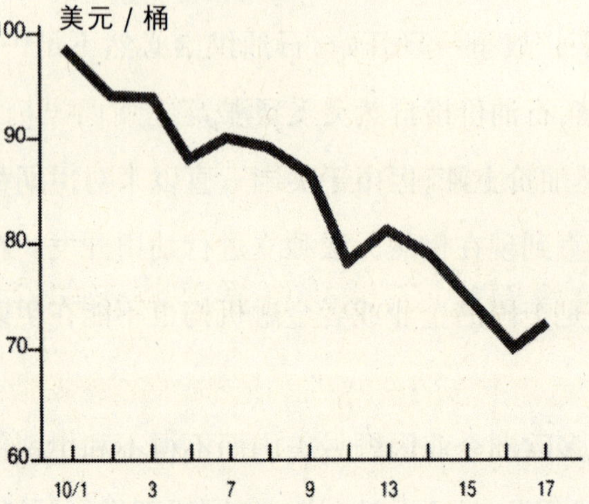

社会治安就能恢复,那么石油价格有望在全球范围内大幅度下降。”但事实是效果完全相反。

也可以说不让伊拉克社会安定才是布什政府的“真正目的”。

里根政府以来,原油期货市场一直不允许有新成员的加入。也就是说,所谓的石油贸易其实是一个闭塞的市场,美国历代政府都只允许开展同本国相关的石油贸易以及只允许美国投资商大发石油财。

这才是布什家族最高级的贸易。想当年布什选举,超过 200 万美元的政治献金是石油业界贡献的。

不管怎么样,谁都知道伊朗解除经济制裁,伊拉克恢复社会治安将意味着什么。到那时,每日 500 万桶石油充斥国际市场,石油价格毫无疑问必将走向稳定。

无论如何,受华尔街经济衰退的影响,石油价格总算下降了。世界范围内股价暴跌之际,流向原油期货市场的资金也停止了,2008年10月底,石油价格降至每桶60美元左右。

但是,既然石油已经成为受美国战略左右的投机衍生品,那说不准什么时候石油价格就会再次回升。

奥巴马新政权诞生,石油价格是否将走向稳定?

布什政府之后上台的奥巴马政府将如何对待石油呢?

现在可以确定的是即便政府改朝换代,奥巴马上台,美国也难以从伊拉克彻底撤军。

总统竞选初期,奥巴马向其支持者承诺:“我不仅要结束伊拉克战争,而且还要向最初提出出兵伊拉克这一方案的权威发起挑战。”这表明他想彻底终结伊拉克战争,使得他的支持者对他更加狂热。

支持奥巴马的是厌恶布什政府所谓的“伊拉克正在严重威胁美国国家保障安全”、“出兵伊拉克,占领伊拉克是当务之急”等露骨的虚假主张的民众。所以奥巴马不认同布什政府主张的这一态度受到广大民众的高度评价。

2008年7月,奥巴马在中东之行前接受媒体采访时表明:“2010年以前超过一半的驻伊美军将撤退。”至此,他的对伊政策明朗化了。但与此同时,奥巴马也坚决表示不具体规定剩余美军的“撤退期限”,并将继续对活动于伊拉克境内的国际恐怖组织“基地”组织进行扫荡。

若“奥巴马撤退论”真正实施,那意味着美国将放弃在伊拉克一半的石油特权。虽然大家对于美国放弃一半石油特权对今后石油价格的影响的看法见仁见智,但总的来说,大多数人都认为比起布什时代,石油价格应该要稳定得多。

但对于奥巴马选择约瑟夫·拜登为副总统一事,有人批判其伊拉克政策倒退,甚至有民众称:“奥巴马背叛了我们。”

之所以民众有这样的反应是因为早在布什成为总统前(9·11恐怖袭击以前),拜登就一直主张美国应该攻打伊拉克。外交专家拜登长期以来始终主张“萨达姆·侯赛因肯定持有大规模杀伤性武器”。而且他也是最早一个赞成2002年的《授权对伊拉克使用武力决议案》的人。

拜登成为副总统候选人后曾表示“后悔”当初赞成授权对伊拉克使用武力的决议案,并且转而批判布什的对伊政策,以避免同新总统奥巴马之间在政策上产生意见分歧。

但好比布什时期的副总统切尼一样,拜登将在美国政治舞台上扮演什么样的角色还是一个未知数。

放任伦敦市场“漏洞”的布什

不管怎么说,所谓石油价格,其实就是美国实力的体现。美国历代政府都曾通过控制石油而使作为关键货币的美元不贬值。

那么,国际石油价格是如何决定的呢?下面我们来认识一下石油价格的决定机构。

多位业内人士分析,按照现在市场的供求,正常的石油价格应该在60~70美元。炒作石油价格的对冲基金本身也证明了这一点。将公司设于亚特兰大的对冲基金经营者迈克尔·马斯特2008年7

月在国会听证会上证实“若没有投资商介入,那么石油价格应该是每桶65~70美元”。

但实际上石油价格在当时已经超过了130美元。

国际石油价格最初是由美国石油工业的基准原油——西得克萨斯中质原油(WTI)的期货价格决定的。西得克萨斯中质原油期货是在纽约商品交易所上市的,所以在这里进行期货交易也是无可厚非的。另一方面,伦敦国际石油交易所也是颇具代表性的石油交易所,所以此交易所的石油价格也足以成为国际指标。

近两年来,伦敦国际石油交易所的交易额大幅度上涨,而事实上这正是石油价格高涨的真正原因。

世人所熟悉的伦敦石油期货叫“ICE期货”,本部设在伦敦的一家名为ICE的企业在美国经营的网上期货交易市场也能进行交易,所以美国几大投资银行以及对冲基金即使不利用纽约商品交易所,通过伦敦的ICE也能够买到大量的ICE期货。而他们的目的显而易见,就是为了哄抬石油价格。离开纽约,在伦敦他们一样可以实现这一目的。

这是因为纽约商品交易所是美国市场,美国商品期货交易委员会时刻对该市场进行监督,一经发现投机行为,坚决予以取缔。而伦敦的ICE是外国民间企业不需要利用市场而进行企业和企业之间直接交易的场所,不受美国政府监督。

也就是说,利用伦敦ICE,可以躲过美国政府的监督。那些想要哄抬石油价格的美国投机商,为掩当局耳目在伦敦进行期货交易,从而导致石油价格高涨。

事实上,美国参议院希望能规范石油交易机制,一直以来都在商讨成立《石油贸易透明化法》。在 2006 年 6 月完成的报告中已指出“投机资金自 2000 年开始哄抬石油价格”，并在报告中也提出了对伦敦 ICE 期货的质疑。

但布什政府无视参议院的这一报告，没有采取任何相应对策。

市场若没有规范制约就会发生混乱，产生泡沫。次级按揭债券正是因为体制规范外的相对贸易而最终发展成泡沫，石油期货交易最终无疑也是以泡沫收场。

这样看来，可以说石油价格高涨是放纵伦敦市场“漏洞”的布什政府和华尔街的一群拜金主义者“共同作业”的结果。

高盛于 2008 年春发表了一份“石油价格将在今后 2 年内上涨至每桶 200 美元”的预估报告。与此相同，高盛曾经在 2005 年伦敦 ICE 期货充足时发表了一份“石油价格将上涨至 100 美元”的报告。这真是最典型的“暗箱操作”了。

结果受害的还是国民

布什政府放纵 ICE 石油投机市场“漏洞”，与华尔街一起从中分享利益。同时还通过外交和发动战争等手段为支持政府的石油产业创造有利环境。

但随着全球化的迅速发展，这一自私的盈利手法逐渐行不通了。随着石油价格的空前上涨，美国石油界自然是不用说了，俄罗斯、哈萨克斯坦以及沙特阿拉伯等中东各国，还有墨西哥、巴西、委内瑞拉等中南美石油生产国也积累了大量的财富。而这些地方中还包括伊朗、委内瑞拉等“反美国家”，可以说美国搬起石头砸了自己的脚。

特别是一直以来的反美主义者乌戈·拉斐尔·查韦斯总统领导的委内瑞拉，以石油收入为基础形成“反美同盟”，使美国非常头疼。这些反美国家以石油涨价为武器，积极开展反美外交。

换言之，布什政府在充裕自己支持者的口袋的同时也把自己逼入了窘境。不仅如此，甚至可以说美国还损害了日本等同盟国的利益。

石油价格上涨影响的是美国普通民众以及日本等非产油国的一般民众。与美国政权息息相关的石油资本以及华尔街的金钱迷思毁了我们的生活。

而且这次由股价暴跌引起的全球经济不景气，使每一个国家辛勤劳动的平民进入了“艰难时期”。

二重价格制——“反美价格”与“亲美价格”

曾经在国际石油界号称“七姐妹”的埃克森、英荷壳牌石油公司、英国石油公司等垄断了石油业。他们被称为“石油大户”，独占世界石油贸易，积累了巨额石油财富。

但最近这些欧美石油资本所持有的油田总储量下降至世界所有储量的10%，这与这些大户不开发新油田有关。

另一方面，上面已经提到过新型产油国正在逐渐抬头。这些国家虽然没有石油大户，但政府附属的石油公司独占石油市场，对于投机商炒作石油价格，他们暗自感到高兴。

现在“七姐妹”已经不是指原来那七家欧美石油公司，而是指俄罗斯、伊朗、沙特阿拉伯、中国、马来西亚、巴西、委内瑞拉这七国的政府石油公司。“新七姐妹”在世界石油市场上的石油利权比率日益增加。

比如,中国以及俄罗斯等国的政府石油公司对非洲产油国或提供资金援助,或帮其度过通货膨胀,而作为回报,他们获得油田开发权。

由于新七姐妹并没有对非洲产油国提出“保护人权”和“民主化”要求,所以非洲产油国也积极给予他们油田开发权,同时排除欧美势力。旧七姐妹在当地力量日益衰落。

那么,新七姐妹兴起,旧七姐妹衰落带来了什么后果呢?

事实上政府石油公司所给出的石油价格远低于WTI汇率。也就是说,实际上石油价格是一种二重价格制。

比如，石油储藏量世界第一的沙特阿拉伯以国际价格的1/5每桶20美元的价格将石油出售给伊朗,这已经是公开的秘密了。再比如中南美国家委内瑞拉的查韦斯总统令国有石油公司以低价出售石油给周边国家。特别是反美国家古巴给出的价格更低。当然这样做的并不只有沙特和委内瑞拉,俄罗斯也以低价向CIS(独立国家联合体)诸国出售石油。

总之,这里不存在什么市场原理,有的只是政治情绪。这样一来,被迫接受美国所提倡的市场原理优先经济的同盟国,特别是日本在石油贸易上极其吃亏。

不管怎么说,反对美国的各个国家都以“反美价格”的清仓价收购石油。相反,追随美国的各个国家则不得不以投机商炒作的离谱的天价,亦即所谓的“亲美价格”来购买石油。

由石油价格二重制所带来的问题在石油商品化的今天是不容易解决的。若想了解更多详情,这里向大家推荐拙著《石油的支配者》。

能源与粮食争夺战何时是个尽头?

如今次贷泡沫以及石油泡沫已经破碎了,投机基金也已经抽离世界股票市场,股价连日来都发生大幅度波动。

制造泡沫的对冲基金如今所有交易已停止,还不得不偿还从投资银行贷款来的投机资金。而今后的一段时间内,石油价格也会根据供求平衡变得比较稳定吧。随着实体经济的持续衰退,石油价格可能会因为需求的减少而变得更低。

许多专家认为:从石油市场以及股票市场撤出的资金将会转向美国的2年期国债等风险较小的债券市场。但不久之后又会产生许多投资机会,商品化重新登场。因为即使经济大萧条,之后世界经济还是会继续发展,新兴国家仍然需要能源与粮食。

问题是经济到底会萧条多久。制造全球性经济泡沫的投机资金,现在也不得不偃旗息鼓。对冲基金和金融机构都将忙于偿还贷款,一个由金钱充斥的经济世界正在倒退。

在经济萧条的同时,通货膨胀更加严重,若实际需求量引起石油价格再次高涨,到时我们百姓的日子就更加难过了。

像石油那样与我们生活息息相关的资源完全依赖市场原理是否行得通?水资源如此,粮食亦是如此,“能源与粮食争夺战”无休止地继续,最终我们将自己把自己逼上绝路。被认为是第二次大恐慌的现如今,我们每一个人都应该认真地重新考虑个人生活方式及政治态度。

美国制造危机又呼吁世界共同“摆脱危机”

北京奥运会后，“中国经济发展将减缓”、“中国经济要崩溃了”等谣言四处可见，但现在经济先缓下来的是美国，先崩溃的是美国华尔街。

但以惊人的速度发展起来的中国经济无疑会受到源于美国的世界金融危机的影响。恐怕现在没有人会再坚持新兴经济不会受欧美发达国家经济的影响，仍然能够持续增长这一“脱钩理论”了吧。

2008 年 10 月，上证综合指数(SSEC：SSE Composite Index)险些跌破 2000 点。与曾经突破 6000 点的牛市相比，中国股票缩水了 2/3。

国际货币基金组织(IMF)主席斯特劳斯—卡恩在中国代表也参加了的主要 20 国财政部部长及中央银行行长会议(G20)上首先表示：“中国无法避免受世界金融危机的影响，但中国的经济增长率仍将维持原来的高水平增长。”

他说:“若中国那样的大国对金融危机袖手旁观,那对于世界来说是不可思议的。中国今后仍然能维持高经济增长率。”而且他还进一步补充中国经济将出口主导转为内需主导是非常重要的。

仔细推敲此番发言,可以看出他的言下之意是“若没有中国,金融危机很难解决”。

2008 年 10 月 11 日 G20 峰会在华盛顿召开,与会国家包括 7 个发达国家(G7)以及俄罗斯、中国、印度、巴西金砖四国等新兴国家。

这次会议是由美国财长保尔森提议召开的,布什总统也出席了此次会议,并在发言开头表示:“我们要竭尽全力应对危机。”

峰会召开前的一周内,世界股价暴跌近 20%,布什总统为挽救股市也做出了巨大的努力。

但是这次危机就是美国政府和华尔街合谋的产物,事到如今又召集世界领导人,呼吁大家“摆脱危机”,这不是天大的笑话吗。

中国经济发展开始减速

中国政府为筹备北京奥运会可谓是尽心尽力。以“One World, One Dream”(同一个世界·同一个梦想)为口号,向世人展示“中国的信心和国力”。

中国政府为为期 15 天的奥运会准备了 430 亿美元。这笔费用远远高于过去五届奥运会主办方花费的总和。按每日来计算的话,日平均花费竟高达 29 亿美元,按竞技项目来计算,每项竞技的投资都高达 14 000 万美元。(出版者注:据重庆晚报 2009 年 3 月 5 日报道,中国全国政协委员、北京奥组委执行副主席蒋效愚表示,“从目

北京奥运会开幕式。奥运会的成功向世人展示了中国实力（图／东方IC）

前看，北京奥运会至少要盈余1 600万美元”。）

这些还只是与奥运会竞技项目直接相关的投入，除此之外还投入巨额资金用以修建地铁、新建机场以及强化IT基础设施等。如新建成连接北京与奥运会共同举办城市天津的高速列车（京津城际列车），时速达350千米，是中国版新干线。

奥运会开幕式演出阵容庞大，使世界为之倾倒。北京奥运会给世人留下了气势恢弘的印象，但其实在开幕式以前，已经露出经济发展速度减缓的迹象。

若延续过去的模式，奥运会结束后经济将会低迷。日本在东京奥运会后，就陷入“昭和40年经济不景气”。但此次，受金融危机的影响，北京奥运会开始前经济下滑现象就已经出现了。纺织产业出口相比前年下降4.2%，全国进口已经达到饱和，而且房地产价格也明显下降。沪市股价自2007年2月开始就受世界股价下跌影响一跌再跌。

甚至连那位出自高盛的中国经济专家保尔森也认为:“中国经济已经开始下滑,奥运会后经济下滑将更为明显。”之后许多经济学家也明确出示预估报告,指出:2009年中国经济增长率将从现在的11%下降至9%。

9%的增长率对于许多国家而言已经是喜事了,但对于中国,这个数字却并不乐观。近几年来,通货膨胀率持续增长,经济发展一旦停滞不前,那么国民生活将会受到较大影响。

出台利好政策刺激国内消费

连续10年经济增长率一直保持二位数的中国,人们已经默认这就是正常的经济增长率了。一旦这个数字下降到一位数,那么就会有一部分人失去就业机会,那时,特别是到城里打工的人群将会受到最大的影响。

中国政府自身也已经意识到这个问题,并将奥运会后经济衰退问题作为最大的课题提上议程。2008年7月25日召开的中央政治局会议就新经济刺激政策展开了讨论。此前,中国政府一直致力于抑制逐渐升温的经济;努力控制不断扩大的通货膨胀,对金融机构实施紧缩政策。政府目标将通货膨胀控制在4.8%,但6月份通货膨胀率已达到7.1%。

5年来,中国政府所实施的经济政策都是为了实现中国经济的稳定发展。可惜的是奥运会后源于美国的金融危机来袭,中国政府不得不进行大规模的政策调整。

正如IMF的斯特劳斯－卡恩主席所说的，不尽快将重心由“外需”转“内需”的话，经济下滑速度会加快。加上油价上涨影响，中国出口也面临严峻的形势。中国的最大出口国——美国经济不景气，国家经济发展举步维艰。

日本2007年出口额在国内生产总值所占比重，即“出口依赖度”为16.3%。虽然日本被称为“出口依赖国”，但事实上日本的出口率并不像外界所传的那么高。而且，与主要七国的出口依赖度平均指数22%相比，日本的出口依赖度“低得多”。而中国却不同，经济危机对中国经济的影响会更大一些。

总而言之，为摆脱出口下滑这一困境，必须激活拥有13亿人口之多的中国国内市场。

为此，中国政府修改原订的经济抑制政策，开始导入新的经济刺激政策。即使其他国家如何不怀好意地发难、指责，中国政府也义无反顾地努力下调因美国施压而大幅度升值的人民币。中国降低国内银行、金融机构贷款条件，制定政策促使国内资金流通。

2008年10月初世界各国股市暴跌，主要国家都将利息下调，中国人民银行也于10月8日发布降息消息。至此，人民币1年期贷款标准利息下降了0.27%，为6.93%。

在中国，高档商品消费大幅度减少。如当初预计2008年汽车销售量为620万辆，但最新评估显示预计销售量只有595万辆。而且预计销售量之后还会下降。以一知万，汽车行业如此，其他行业也是如此。中国国内消费热潮随着奥运会的落幕开始减退。

中国经济如持续下滑会比华尔街影响更大

其实受中国经济下滑影响最大的就是日本。如前所述，日本出口依赖度虽然并没有那么高，但要知道中国是日本最大的贸易对象国，对日本而言，比起华尔街的崩溃，中国经济下滑的影响会更加大。

日本企业将生产点移到中国，又从中国大量引进粮食作物，所以自2004年起中国就是日本的最大贸易对象国。在中国经济发展的带动下，日本终于走出“失去的10年”，度过了经济低迷期。此后日本经济增长速度虽然缓慢，但这也是日本战后经济增长最持久的一次。如此“依赖中国”意味着一旦中国经济下滑，那么日本将蒙受巨大损失。

2007年下半年开始，作为中国惊人发展的经济象征的广东省深圳市的房地产市场交易额开始下降，交易额降至鼎盛期的1/6。与美国一样，房地产泡沫正在破裂。

这一时期，作为中国出口港而兴盛的香港和上海，集装箱散置情况严重。据美国彭博资讯公司分析，2008年3月至4月，中国贸易盈余连续减少。香港及上海的市中心房价下降10%~20%，郊外楼房更是降价40%以上。

2008年5月四川省发生8级大地震，中国经济更是雪上加霜。如果中国不尽快扩大内需，那么贸易盈余将继续减少，不良债权则会增多。

中国是外汇储备世界第一的美元持有国，大量外汇储备掩盖了不良债权。但若经济继续恶化，那么国家所有的“隐藏的不良债权”都将浮出水面。

在中国,举办北京奥运会、上海世博会、西部大开发等大规模国家项目的实施都需要经济的支持。一旦经济滑坡和海外投资减少,这会给这些项目的实施带来困难。

中国政府发行主权财富基金“CIC”

要说中国与对冲基金的关系,就不得不说中国政府发行的主权财富基金“CIC”(China Investment Corporation:中国投资有限责任公司)。中国政府参照新加坡的淡马锡控股有限公司,利用巨额的外汇储备于2007年5月推出了“CIC”。

成立“CIC”是为了投资海外石油、粮食资源等商品化产物,同时也是为了支持国内企业的海外事业。话虽如此,但目前中国的基金经理经验不足。

所以,中国投资公司计划先投资美国的对冲基金和金融机构,一方面从中获得实际利益,另一方面也学习其投资手段,以便将来能够独自管理基金。

但现在看来,中国投资公司的这一构想是失败的。随着华尔街的崩溃,美国金融机构的投资机构连同美国金融机构一起失去了信用度。如今中国在美国的投资几乎是失败了。比如,中国CIC的第一笔大型投资是注资美国规模最大的上市投资管理公司——黑石集团30亿美元。有人认为,在“中国威胁论”抬头之时,以美国基金为挡箭牌有利于中国顺利开展对外投资活动。而这正是CIC的目的所在。但金融危机爆发,黑石股价暴跌,这笔投资至2008年3月已经缩水50%。

CIC于2007年12月声明将出资50亿美元,这一消息震惊世界。CIC 第二笔巨额投资的归宿正是为主权财富基金提供金融服务的摩根大通。CIC 第二次投资的结果是购买了在金融危机中受挫的摩根大通 10%的股份。

金融危机爆发后，摩根大通摘掉投资银行的头衔，转为普通银行，这就意味着 CIC 的投资又失败了。

与 CIC 一样，阿布扎比投资局之前也向在金融危机中经营根基发生动摇的世界最大金融机构花旗集团投资 75 亿美元。这比 CIC 的投资 50 亿美元规模更大。

正因为如此，2008 年初，人们议论“美国被买光了”。

但目前还不能说谁是赢家。

世界各国纷纷成立的“主权财富基金”

目前世界上“主权财富基金”(SWF)超过 40 家，灵活运用资金的投资活动正在迅猛发展。历史上最早的主权基金是科威特主权基金，该基金早在科威特从英国取得独立战争胜利前 8 年，即 1953 年就已经诞生了。此外，挪威与新加坡的主权基金长期以来也获得了巨大的盈利。

而主权基金真正开始流行是在 2005 年以后。许多政府都开始着手成立主权财富基金，如刚刚获得独立的东帝汶也利用石油收益于 2005 年成立了主权财富基金。

当然，虽然政府发行的统称主权基金，但其内容是千差万别的。

就中国主权基金而言，乔治·索罗斯曾经说过这样一番话：

“各国的主权基金都有自己不同的战略考虑。中东国家的主权基金与中国的主权基金是完全不同的。而新加坡与俄罗斯的主权基金也完全是两码事。如果认为各国的主权基金都是一回事,那就错了。打比方说,中国发行主权基金主要目的是吸收西方先进技术。而俄罗斯主要是为了出售本国能源以调整通货膨胀。”

为预防经济崩溃,应对国内房地产价格下跌,除CIC外,政府还准备了3 500亿美元的基金。尽管各国投资战略不同,但一般称主权基金为“超级对冲基金”。

因为无论是资金规模,还是资金的长期灵活运行能力,主权基金都远远超过普通对冲基金。但主权基金基本不公开发布信息,而且多数时候都不公开运用资产额、投资对象及合作金融机构。具体数值不详,据IMF推测主权基金规模达2兆~3兆美元。

其中60%是产油国的主权基金。规模最大的是上面提到过的阿拉伯联合酋长国(UAE)阿布扎比投资局的主权基金,运行资产高达8 750亿美元。

目前最受瞩目的要数中国,近2兆美元的外汇储备远远超过华尔街基金规模,使中国基金赢在起跑点,而且其目的并不是单纯的投资。

主权基金陆续兴起时,美国克林顿时期的财政部长劳伦斯·萨默斯就说过,世界主权基金总资产将于2010年超过5兆美元,到2015年又翻一番,增加到12兆美元。

可现如今无论是对冲基金还是主权基金都因泡沫崩溃而遭受巨大损失,不知他们还能够坚持多久。

警惕中国可能的对抗态势

中国成立主权基金后,美国政府公开表示要对中国保持警惕。

以往美国通过中美战略经济对话以及通过WTO进行国际交涉

等手段，以中国不公平贸易、存在安全问题的出口产品以及盗版等侵害知识产权为借口对中国予以制约。而且保尔森财长接受美国议会提议，不断劝说中国政府使人民币升值。

在这样的背景下，中国主权基金登上舞台，将世界各地业绩较好的金融资产一扫而空，一场让人吃惊的投资活动开始了。欧美金融机构在还未全部沦陷前拼命遏制中国主权基金的行动。

在 G7 经济、金融关系会议上，就各国主权基金“透明性”问题进行了提议和讨论。同时还要求 IMF 向主权基金施压，规范其活动。最先提出这一建议的是澳大利亚。

澳大利亚政府最先怀疑中国主权基金——CIC 收购澳大利亚矿业巨企力拓集团的背后是否有中国政府在撑腰。所以强烈要求不仅是中国，世界所有主权基金投资活动都应该增加透明度。

继澳大利亚政府之后，2008 年 3 月欧盟也开始主张增加主权基金的透明度。这主要是因为许多的国家政府也在利用主权基金调动资金。或者说到底就是因为中东阿拉伯诸国以及俄罗斯在进行大规模国家投资时经常使用特殊原则，而该原则是与普通民间投资贸易自相矛盾的。

面对来自世界各国的压力，中国政府声称：“我们很难认同在此基础上人民币继续升值。若美国继续坚持要求人民币升值，我们将把 1 兆美元的现有外汇以及国债投放市场。”中国政府之所以态度如此强硬，是因为其认为“美国金融通货政策存在很大问题”。

中国最大的依据就是相当于美国中央银行的 FRB 不肯公开发表其投放市场的美元纸币数量。而且美元每天都在贬值，这使已经蒙受了近 3 000 亿美元汇率损失的中国感到焦急。

事实上，中国对美国的对抗态势并不是现在才开始的。

大家不要误会，中国在国家盈利上与美国没有本质区别，而这一点也是美国一直警惕的。

中国也可能从内部开始逐渐衰退

北京奥运会结束后，中国实体经济发展速度开始减退，华尔街金融危机波及全球，中国也面临经济下滑的危险。

也许正因为如此，中国才采取更加积极的投资行动。表面上看，中国的投资欲望丝毫没有减退。

2008 年 9 月 18 日，中国银行界排名第三的中国银行表示将以 2.363 亿欧元收购犹太资本代表的爱德蒙得·洛希尔集团的法国子公司洛希尔银行大约 20%的股份。而且据路透社报道，摩根大通正在与中国主权基金 CIC 交涉转让 49%股份事宜。

中国已经向世界各个金融机构注入资金，中国工商银行投资英属南非标准银行 56 亿美元，获得 20%的股份。印度尼西亚、香港、澳门也相继收购银行。中国国际信托投资公司破产前正在进行与贝尔斯登合并及投资事宜的谈判，另一方面，国家开发银行也已经向英国巴克莱银行注资。

虽然最后收购并未成功，但 2008 年 7 月德国德雷斯登银行的收购战中中国国家开发银行曾表示要现金支付所有收购费用。

中国是将此次金融危机当作人民币国际化的一次“绝好机会”呢，还是在表面看起来普通的投资事业背后有更深层次的战略打算呢？

正如本书第一章所说的，美国的世界超级大国时代正在走向终结。美国之前引以为傲的军事、经济一体化的世界支配体制因自己惹出来的金融危机而瓦解了。

但有可能超越美国的中国目前也还不具备成为超级大国的条件。

对金融危机态度强硬的印度

近几年印度经济以惊人的速度迅猛发展。

就拿 2006 年至 2007 年的 GDP 增长率来说，以 8.5%高居世界第二，仅次于中国。印度国家开发委员会制定的第十一个五年计划（2007 ~ 2011 年间）目标实现经济增长 9%，2011 年经济增长达到 10%。

美国最大媒体公司时代华纳的亚洲销售实绩榜（2008 年第一季度）上印度超过日本，名列亚洲第一。印度的发展甚至比北京奥运会的举办国中国更吸引世界媒体的眼球。

不管怎们说没有人怀疑印度经济发展的潜力。特别在投资基础设施相关产业方面，在“金砖四国”中，印度表现出压倒性的态势。用于道路、港湾、机场、电力等基础设施的投资金额每年倍增。世界各国的投资基金都将目光投向印度。

而且最近，以安全稳定的资金运行为信条的海外政府主权基金(SWF)也积极投资印度基础设施。怀着绝对不能失败的决心，印度政府与外国企业一同成立基础设施建设基金，计划在今后5年内投资4 500亿美元。

但经济发展态势如此旺盛的印度也存在着不足。那就是印度的IT业是作为华尔街金融机构的海外采购点而发展起来的。所以美国爆发的次贷危机给印度造成无可估量的打击。而华尔街经济危机更是直接影响印度IT产业。再加上印度国内薪水上涨，过去1年卢比对美元比上升了11%，印度正在顶风前进。所以目前印度的国际竞争力也正在面临严峻的挑战。

尽管艰难，但许多印度商人正巧妙地摆脱困局。这正是因为印度企业预先估计美国可能爆发金融危机而事先做好了相应的对策。而印度企业之所以能事先察觉金融危机，这是因为他们将在幕后为美国金融系统服务的许多印度工程师透露的情报进行仔细分析的缘故。印度企业逐渐“脱离华尔街”，加快了客户全球化的步伐。结果，预期软件公司2008年收益将提高20%。

与美国IT工程师相比，印度技术工作者的工资仅占其1/6。基于廉价高级劳动力的巨大市场魅力，就连金融环境不断恶化的华尔街金融机构为继续生存也不得不倚赖印度工程师。

印度拥有比较优势的产业并不仅限于IT部门。阿赛洛米塔尔钢铁集团已经成为世界上规模最大的钢铁制造集团。旗下27家制铁厂，遍布六大洲，拥有员工31万人，去年销售额高达1 050亿美元，这家印度最大的企业的工作士气非常值得一提。

集团创始人拉克希米·米塔尔拥有资产450亿美元，是世界级大富豪,他32岁的儿子阿迪提亚·米塔尔是集团未来继承人。阿迪提亚是世界大企业中最年轻的董事,目前他担任财务总监(CFO),在开拓海外市场以及企业收购方面表现出色。

阿迪提亚说:“在美国市场不行的时候,观察一下世界其他国家总会找到有发展可能性的地方。全世界即将步入近代化的人口有20亿之多,而这么庞大的一群人还未曾经历工业化社会。开始于美国的这次金融危机只是一场短时地震,世界比我们想像的要大得多,我认为我们应该要把目光投向新市场。”

阿迪提亚虽然年轻,但他那沉着冷静的判断力不得不叫人钦佩。

另外,印度具有代表性的财团塔塔集团(Tata Group)也状态良好。塔塔将注资法国的一家MDI公司,该公司是雷诺最先研发出来的利用压缩空气为动力的“空气驱动车”的制造商,塔塔表示公司计划以环保、低价的车进军美国市场。而且塔塔已经在美国预托证券(ADR)上市,并且积极进行资金调配。

发展势头正在赶超日本的塔塔还筹划利用股票以及与股票具有相同职能的日本预托证券在东京证券交易所上市,这在日本还是首例。当美国金融危机席卷全球的时候,印度于2008年10月22日成功发射月球探测卫星“月球初航”(Chandrayaan 1)。

正如宇宙卫星成功升天一样,现在,印度人民的投资欲望也一飞冲天,这一宇宙卫星的成功发射正好象征了现在印度人民更加旺盛的投资欲望以及投资海外的热潮。

日本应加强同印度的联系

印度海外经济的迅猛发展必然使国内经济受惠。上面提到的基础设施建设就是最好的例子。尽管如此，印度经济的发展道路也有重重阻碍，不容乐观。

经济快速发展使能源来源的确保变得日益紧张。目前人口超过11亿的印度自身并没有丰富的地下资源，所以原油以及天然气的海外依赖度高成为其致命的弱点。

一直以来围绕海外原油与天然气田的开采权，印度与中国之间展开了激烈的竞争。然而印度企业面临着在与中国企业的竞争中屡战屡败的严峻形势。印度曾经试图参与苏丹、安哥拉、印度尼西亚、缅甸、哈萨克斯坦、厄瓜多尔等国家的资源开发项目，但都败给了中国。

事实上步入2008年后，印度企业相继在南美以及中亚、非洲等地区的资源开发项目中战胜中国。如印度最大的国营石油天然气公司利用其子公司与委内瑞拉国营石油公司之间的关系，取得了今后25年2.32亿桶石油的开采权。除此之外，印度还取得了在土库曼斯坦以及哈萨克斯坦的天然气开采权。

特别是土库曼斯坦以往都只同俄罗斯以及中国签订开采协议，印度总理多次拜访之后，土库曼斯坦向其首次开放里海的油田开采权。这可以说是印度经济实力与外交实力相结合的产物。同时，哈萨克斯坦也同意在今后10年向印度提供超过1亿吨的石油。

另外，印度还将主办与非洲资源国之间的“印非峰会”。此前，中国一直在非洲有压倒性的影响力，现在，印度也开始采取实际行动涉足非洲，今后中国与印度之间将展开更加激烈的资源竞争。

也可以说这是印度在金砖四国中经济竞争力迅速增强的最好证明。

但是印度还存在不足。印度有超过8亿的贫困人口。而且与迅速发展的IT产业与生物产业相比，农业经济增长率依旧保持过去5年来的较低平均值2.2%。食品不足也是印度的一大难题。同时贫富差距进一步扩大，社会不安与治安恶化成隐患。

不知读者是否知道，印度已经取代中国成为接受日本官方开发援助(ODA)排名第一的国家。如此一来，日本细致的农业技术支援将在今后对印度起至关重要的作用。

最近，美国布什总统、德国默克尔总理、英国布朗首相以及法国萨科奇总统相继到印度进行访问。这可以说是印度影响力扩大的见证，也可以说是成长市场的魅力所在。若能正确应对世界金融危机，同时印度经济又能向前迈进一大步，则必能迎来世界经济新秩序的重大重组。

话虽如此，自金融危机爆发以来，印度的卢比跌至市场最低值，印度股市(SENSEX指数)自年初起数创新低，印度人自身也深陷经济危机泥淖。曼莫汉·辛格总理表示支持日本政府提议的国际货币基金组织(IMF)的紧急融资方案，坚决表示"若能够实现融资制度扩充，将欣然接受该融资方案"。不要忘了印度是一个拥有约3 000亿美元外汇储备的"盈余国家"。

因此在世界向多极化发展的时代，日本有必要关注印度动向，并与其建立紧密联系。

俄罗斯两头政治体制下前行的宏伟项目

下面让我们将目光转向俄罗斯，回顾一下其至今为止的经济动态。

金砖四国中，俄罗斯最野心勃勃。这根源于俄罗斯的苏联盟主地位，并在其历史上一贯推行“大国沙文主义”。

在2008年3月俄罗斯总统大选上获得压倒性胜利的第一副总理德米特里·梅德韦杰夫于5月7日正式就任俄罗斯总统。上任后不久，他就任命曾钦点他为总统继承人的前总统弗拉基米尔·普京为俄罗斯总理。之后，他的人事安排皆在国家杜马以压倒性票数得到认可。

至此，前所未有的“两头政治体制”在俄罗斯拉开了帷幕。因总统任期届满而进行的换届选举在俄罗斯尚属首例。两位领导人一致认为在其共事的17年中从未发生问题，并声称并无复兴强权俄罗斯的企图。

强权俄罗斯的复兴。确实，俄罗斯在最近几年取得显著发展。因此，欧美各国金融机构纷纷将目光投向俄罗斯，接二连三地投入大量资金。2007年末，普京被美国的《时代周刊》评选为当年的“年度人物”。他能战胜同时入围的诺贝尔和平奖获得者、环境问题的传道士美国前副总统戈尔堪称壮举，由此也可看出欧美投资家把俄罗斯当成他们的“摇钱树”。

新总统梅德韦杰夫作为天然气领域中规模最大的俄罗斯天然气工业集团的最高经营者促成了能源产业的巨大飞跃，而且随着他大力推进基础设施建设和资源开发，投资商也纷纷将目光投向这些领域。

比如计划建于莫斯科的世界最大建筑“水晶岛”就格外引人注目，这栋超现代建筑物高450米。直径700米且呈螺旋式上升的金字塔的设计理念呈现了向天空喷火的火山样式。这无疑是俄罗斯巨大能量的象征。

水晶岛设有的900户高级公寓、3 000间客房以及剧场、运动俱乐部、电影院、美术馆、可容纳500名学生的国际报告厅和无数餐馆及商店等如钻石一般镶嵌其间。

水晶岛由当代著名设计大师诺曼·福斯特爵士负责设计。他称“这是世界建筑史上最有难度但最具挑战性的项目”。这个使用太阳能电池板发电的总耗资高达40亿美元的环保建筑若能如期在2014年竣工，将使莫斯科的景色焕然一新。

此外，在普京总理和梅德韦杰夫总统的带领下，俄罗斯尚有多项大型工程正在有条不紊地进行中。

股价暴跌、贸易停止，未来市场仍然乐观

不用说，俄罗斯力量的源泉就是以石油和天然气为代表的丰富的天然资源以及开发资源。石油涨价背景下经济迅猛发展，最近以卢布作为贸易结算货币和成立石油交易所成为新的话题。1999年，俄罗斯GDP不过1 880亿美元，而2007年的GDP达到11 850亿美元，增长了6倍。

外汇储备量也由2000年的250亿美元迅速增加到6 000亿美元。按人均来计算，可以说俄罗斯是世界上最大的美元持有国。1998年俄罗斯因经济危机经济缩水40%，之后俄罗斯完成了一个漂亮的

大变身,和当时的股市相比股价上涨高达1 000%。

莫斯科劳动者的年平均收入突破1万美元,略高于上海的6 000美元。俄罗斯国民的个人储蓄与前年相比也增加了68%。以富裕阶层为顾客消费层的欧美高级品牌纷至沓来。一般市民也能享受在沃尔玛购物和在星巴克喝咖啡的乐趣。

而且俄罗斯新车销售量每年以5%的速度剧增。正因为俄罗斯的汽车市场需求量大,所以日本的多家汽车制造商如丰田、日产、铃木、三菱等相继进军俄罗斯市场。现在,仅莫斯科就有200家日式餐厅。

逐渐富裕的俄罗斯人开始追求高档消费品,同发达国家的国民一样开始重视健康问题,最近还开始关注股市。

在俄罗斯经济发展前景无限光明之际,始发于美国的雷曼破产向其袭来。雷曼破产的影响比原本预期的更严重。由于欧美投资家同时撤回资金,莫斯科股价跌幅大于其他任何市场,一周内50%的资产蒸发了,市场几度陷入停止交易的困境。由此可以看出不管俄罗斯资源如何丰富,其经济发展还是要依赖欧美经济及资本。

另一方面,世界各国都出台危机应对措施,努力使市场恢复稳定,俄罗斯国民也对本国的未来非常乐观。

比如,一位莫斯科分析人士说:“金融危机反而能提高俄罗斯的竞争力。”金融危机将成为俄罗斯企业变革的契机,该人士还预测,有发展潜力的企业在今后全球需求量增加时期将在国内外市场取得比现在更好的业绩。

其实俄罗斯政府本身也以金融危机为契机,比如提出在国家面临破产时期,依靠丰厚的美元储备为水晶岛的建设提供资金等以此来扩大俄罗斯的世界影响力。

国家支援下 IPO 热潮盛况空前

确实,俄罗斯现阶段的经济存在泡沫。俄罗斯将欧美基金的大量投资以及本国资源所获得的外汇均投入股票市场和国内大型基础设施建设项目。

政府的这一行为使前所未有的 IPO(首次公开募股)成为热潮。在对中国股市泡沫何时破裂而感到不安时,世界各国投资家纷纷将目光投向股市稳定上升的俄罗斯。巴克莱国际投资管理公司、道富环球投资管理以及英国法通保险公司等大投资信托的参与使俄罗斯股价倍增。在大量投资资金的基础上,俄罗斯政府又出资 1 850 亿美元开始着手新的基础设施建设。这一举动是金砖四国其他国家所无法企及的。

前普京政府曾自信满满地表示,要确保至 2020 年石油开发收入 8 200 亿美元,天然气开发收入 3 500 亿美元。在西伯利亚开发新油田 112 个,据说总储油量超过 1 000 亿桶。这个储量甚至可以和沙特阿拉伯的石油量相媲美。况且沙特阿拉伯的新油田开发缺少俄罗斯的超深度开采技术,如此一来,俄罗斯的技术人员目前在世界各地都非常抢手。

而且俄罗斯经济的长处还不仅限于天然资源。2006 年末,俄罗斯的对冲基金中通过石油和天然气盈利的只有一半。令人意外的是俄罗斯的金融服务业与 IT 相关产业发展速度惊人。在前总统普京的指导下成立了天然资源以外的“经济多样化促进基金”,这项政府基金的规模高达 10 209 亿卢布。

为支持国内 IT 产业的发展，俄罗斯还取消了国内没有生产的高科技器材及设备等 750 个进口免税项目。这在某种意义上说是强烈的“保护主义”，也可以说是民族主义。同时，政府还注资 150 亿美元成立为本国风险事业做担保的基金。这也是前总统普京深得民心的秘密所在。至此，企业民营化获得巨大发展。

通过投资民间企业，商业银行也纷纷上市。这样一来，市场上产生共同效应，家电制造业、化妆品、医药品、通信、软件开发、餐饮业等也相继成立 IPO。同时还有飞机制造业及航空公司等 IPO 预备军。

结果，俄罗斯诞生了许多亿万富翁。个人资产超过 10 亿美元的富豪超过 60 人，是日本的 3 倍。(《福布斯》2007 年世界亿万富翁排行榜。)

会否迎来俄罗斯寡头们盛宴的终结?

俄罗斯的大富豪基本上是在苏联解体后开始抬头的一群被称为 Oligarchy(新兴寡头资本家)的人。

这里顺便提一下俄罗斯首富石油大亨罗曼·阿布拉莫维奇(40岁)。其总资产高达 192 亿美元。是一位比日本身家 58 亿美元的孙正义还要高出 3 倍的大资本家。阿布拉莫维奇的前妻伊琳娜在拿到赡养费后成为俄罗斯排名第十一位的大富豪。

俄罗斯第二富豪是有“铝业大王”之称的奥列格·杰里帕斯卡(39 岁)。个人资产达 168 亿美元。这些富豪基本上都是利用 20 世纪 90 年代的天然资源民营化而累积资本，之后便像滚雪球似的资产越滚越大。

特别是新兴财团“UES”(俄罗斯统一电力公司)的总裁阿纳托利·丘拜斯,号称“IPO 之父”。他成功将多个国营企业民营化,并通过公开募股的方式积累了大量的财富。据说他的下一目标是筹措 1 100 亿美元这笔接近天文数字的资金。当然,前提是要有一个良好的经济大环境。而俄罗斯企业和家庭的电力需求量是经济发展的保障。

正因为如此,丘拜斯总裁所进行的基础设施建设事业成为其聚敛财富的通道。利用冷战时期的军事技术进行油田勘探及开发。仅在西伯利亚就发现近 300 口油井,所以现在丘拜斯不仅瞄准石油,还计划进军美国电力产业。

俄罗斯最近计划在今后 10 年内,修建一条全长 6 000 千米的连通西伯利亚与阿拉斯加的海底隧道,这是一项耗资 650 亿美元的大工程。

另外还值得一提的是一位俄罗斯经济界具有代表性的女富豪古静嬅。

古静嬅出生在哈萨克斯坦,现任俄罗斯发展最迅速的大型联合财团基元集团(Basic Element)的总裁。难以想像这个涉足能源、资源开发、制造、金融、建材、原材料以及航空七大领域的人物竟然是一位离了婚的带着一个三岁小孩的单亲妈妈。

据说她之前是在上面所提到过的俄罗斯第二富豪“铝业大王”杰里帕斯卡手下做事,从那里学到了不少企业收购技巧。在俄罗斯金融学院取得会计师资格之后,她开始发挥自己的才干,成功收购国内外一个又一个的企业。

最近,她还将加拿大最大的汽车零部件制造商麦格纳国际

(Magna International)收至麾下。一手栽培她的杰里帕斯卡的俄铝超过美铝,一跃成为世界最大的铝制造商。甚至还有传闻他们俩人将联手收购克莱斯勒。但克莱斯勒被一家私募基金 Cerberus 收购,之后又被弃之不管,现在若没有美国政府的援助,倒闭只是时间问题。

尽管如此,随着世界金融危机的爆发,这些俄罗斯寡头们的盛宴也正在走向终结。据彭博资讯于 2008 年 10 月 20 日发表的数据显示,自 2008 年 5 月俄罗斯股市下跌以来,俄罗斯财富榜排名前 25 的寡头损失了 62%相当于 2 300 亿美元的资金,据说有许多人将可能被挤出富豪排行榜。

前面提到的“铝业大王”杰里帕斯卡损失 160 亿美元,其附属公司还被迫暂停营业以及拍卖资产。据说英国“切尔西”球队老板阿布拉莫维奇也损失了 203 亿美元。

此前,俄罗斯大企业利用卢布升值来筹措低息的外国资金。但现在由世界金融危机引发的市场混乱使外国资金难以流入国内,这使俄罗斯形势急转直下,一时间背负巨额债务,同时还面临资金筹措难的问题。

因此,今后俄罗斯经济将带有浓重的国家宏观调控色彩。

成立俄罗斯最强对冲基金的男人

以往在俄罗斯经济民营化进程中,垄断企业占主导地位。那些企业在昨天还默默无闻,可现如今已活跃在世界舞台上了。

在背后支持垄断企业发展的,正是俄罗斯的对冲基金军团。俄罗斯的对冲基金就连日本也对其知之甚少,甚至对于俄罗斯有对冲基金一事都感到纳闷儿。

可事实上许多俄罗斯对冲基金不仅活跃于国内市场，而且还在中亚和东欧地区进行资源投资及金融商品开发，从中获得了大量的利润。Renaissance、Red Star、Finam、Orange Capital、DBM Capital 等并不为人所知的小型基金的实际资产操作水平并不逊色于欧美基金。这些俄罗斯基金的平均收益率为 22%，最高收益率为 77%，最低的也有 5%。

其中具有较大影响力的是名为 IFS 的对冲基金。独具个人特色的基金经理人安德烈·瓦维洛夫（46 岁）的专业技能在业界出类拔萃。据说他本人在担任俄罗斯副财长时通过出售石油公司获利 6 亿美元。2004 年从中取出 2 亿美元在巴哈马群岛成立了 IFS 对冲基金。

之前瓦维洛夫在纽约及伦敦筹资，每年盈利超过 20%。他最拿手的是利用俄罗斯政府内部情报网获得情报，进而进行资源投资。目前，梅德韦杰夫政府为资源的民营化基金筹款逾 1 300 亿美元。然后依靠这笔巨额投资购买大量国营企业的 IPO 从而确保获得更大利益。

俄罗斯被称为“腐败与特权的温床”，其政府官员甚至会有生命危险。瓦维洛夫在从政时期数度遭遇暗杀。俄罗斯流传着一种说法，如果你发财了就会有很多人盯上你，独占金钱的人会丢掉性命。瓦维洛夫对这种说法深有体会，所以他对于自己的财富毫不吝惜，花钱经常大手大脚。

乘坐私人飞机、给美国大学捐款、出席拉斯维加斯的对冲基金聚会等，总之他花钱非常阔气。

瓦维洛夫出生于一个坐落在乌拉尔山脉的小村庄。据说他从小就擅长数学和科学。在科学研究院研习经济学和数学，并于 1987 年获得经济学博士学位。苏联解体后,他在导师的引荐下就任叶利钦时期副财长。在那里他掌握了与西方金融机构的打交道手段,同时还学到了企业再生与民营化技巧。

离开财政部后,瓦维洛夫率领15名微观经济学家成立了自己的经济金融研究所。他潜心研究欧美对冲基金,学习如何回避风险以及如何开发金融衍生商品。他就任俄罗斯天然气公司董事长后,收购其旗下濒临倒闭的一家石油公司。

他以总公司的资产为收购担保,同时又利用私人银行进行资金周转。主宰即将倒闭的 Severnaya Neft 公司后,通过减少成本开支和开发新油田,使该公司起死回生。之后又将其转让给俄罗斯其他规模较大的石油公司,据说从中获得现金6亿美元。

瓦维洛夫利用军费开支成立了对冲基金。并且在着手俄罗斯资源开发与购买优良企业IPO的同时,他还觊觎国会议员的议席。俄罗斯媒体认为,成为国会议员就能享受不受逮捕的特权,瓦维洛夫的目的就在于利用这一特权避免知情人猜疑。

但生活在暗杀事件司空见惯的俄罗斯,采取各种手段维护自身安全是毋庸置疑的。与其说瓦维洛夫作为俄罗斯最强对冲基金的领导人,当然应该先保障自己的生命权益,倒不如说在竞争激烈的金融战场上如果没有战斗到底的魄力和灵敏的商业直觉,那将无法在俄罗斯运行对冲基金等金融机构。

不管怎么说,国会议员是俄罗斯最强对冲基金的经理,这在日本是无法想象的。

到了日本人应该重新认识俄罗斯的时候了吧。随着村上春树以及村上隆的作品相继在俄罗斯畅销,目前,俄罗斯人民对日本现代文化的关注度正在增加。而日本人对俄罗斯却没有丝毫的关注与理解的欲望。若这样一直下去,那么日本与俄罗斯长期以来的领土与能源问题仍然将无法得到解决。若不乘此金融危机之时改变对俄态度,将来可能会引起大问题。

因为与金融危机共存的“另一个问题”也变得日益严峻,即因俄罗斯扩大而产生的世界安全保障问题。

俄罗斯出兵格鲁吉亚,“新冷战”达到高峰

华尔街灾难发生的一年前,关于“新冷战”的议论就已经甚嚣尘上。资源丰富的俄罗斯民族主义高涨,有复兴“强权俄罗斯”的趋势,这对美国单极独霸格局形成了挑战。美国与俄罗斯对立的原因之一是美国的欧洲导弹防御体系(MD)计划。在美国打着伊朗可能实施导弹攻击的幌子下,波兰和捷克领导人同意美国在其境内建立相关防御设施,而俄罗斯认为这是美国的挑衅而予以拒绝。而后俄罗斯禁运波兰肉类以及中断对立陶宛的原油供应成为“新冷战”格局形成的主要原因。

以俄军出兵格鲁吉亚为标志,“新冷战”格局达到顶峰。北京奥运会开幕式当天,俄军出兵格鲁吉亚,使其国内的南奥塞梯自治州和阿布哈兹自治共和国相继宣布独立。这一在电光石火间结束的事件即被称为“俄格五日战争”。

开战当天,在北京滞留的普京总统与美国布什总统会谈,想要弄清楚美国的态度。即将离任的布什总统虽然对俄罗斯的军事行动表示担忧,但并没有表现出强烈的反对态度。普京决定出兵格鲁吉亚,而且他对自己的判断非常自信。普京不顾尚在北京观看奥运会

攻打格鲁吉亚的俄军战车。“新冷战”拉开了帷幕(图/东方 IC)

的布什总统,独自飞赴南奥塞梯前线指挥军队作战。

为加强与欧美各国的联系,曾经要求加入北约的格鲁吉亚自然向欧盟与美国求助。但欧盟召开紧急理事会后决定“暂缓对俄罗斯实施经济制裁”。这是由于俄罗斯梅德韦杰夫总统不断进行言辞激烈地警告“对俄罗斯实施经济制裁或军事介入都将视作对俄宣战。俄罗斯不惧怕新冷战”。

在美国为封锁俄罗斯在旧东欧各国布置导弹防御体系时,普京总理就断言“我们有能力使美国的导弹防御系统无法发挥其功效”。而且欧洲和美国都需要俄罗斯向其运输石油和天然气,所以他们不敢过分激怒俄罗斯。普京曾经将资源开发看作是复兴俄罗斯的王牌,而现在俄罗斯的资源确实也在发挥王牌作用。

这次俄罗斯是经过周密部署,选择最佳时机对格鲁吉亚发动了攻击。这次战役也说明了在现今的情报活动领域,无论是美国还是欧盟都无法与俄罗斯相抗衡。问题是对这次快速战役充满自信的俄罗斯想要将包括格鲁吉亚在内的旧苏联统治下的各国重新纳入自己的统治范围。

不顾欧美各国的担忧和指责,俄军执意出兵格鲁吉亚,甚至还控制了黑海。

俄罗斯第一副总理伊万诺夫夸口说:

"我们拥有比苏联时期更强大的海军实力,而且还有大量的资金做后盾。我们还计划将已经老化的装备和舰船全部更新。在今后3年内建设一支拥有世上最强战斗力的军队。"

我们即将面临"第三次世界大战"!?

最近资源价格高涨,大批外币涌入俄罗斯市场。俄罗斯的下一目标就是收复俄黑海舰队的停靠地乌克兰。俄罗斯以"救援同胞"为口实出兵格鲁吉亚,今后也将以相同的理由逐一控制周边邻国。驻扎在远东军事要冲符拉迪沃斯托克的俄罗斯太平洋舰队也在迅速扩充军力。

表面上看是"新冷战",但实质上形势要比冷战严峻得多,简直可以说是"第三次世界大战"已是一触即发。

俄罗斯已经开始朝着改组世界政治势力的方向正式采取行动了。出兵格鲁吉亚只是一个开始,下个目标就是拿下乌克兰、塔吉克斯坦、吉尔吉斯斯坦、乌兹别克斯坦、摩尔多瓦、亚美尼亚以及白俄罗斯等苏联加盟共和国。俄罗斯通过经济援助和军事打击强化其恫吓外交。

在这样的背景下,梅德韦杰夫总统于2008年8月末就俄罗斯向伊朗出售俄制 S–300 最新锐防空导弹系统一事与艾哈迈德内贾德进行会谈。该导弹系统具有 100 连发、命中率高等性能，若配备该导弹，那么以色列和美国也不敢轻易攻打伊朗。所以美国急需在伊朗购置这一俄制导弹防卫系统前，就将伊朗的核开发计划扼杀在摇篮里。

俄国不仅将这款导弹防御系统卖给伊朗，还积极将其出售给其他美国敌对国家。日前，俄罗斯邀请叙利亚总统巴沙尔·阿萨德访问莫斯科，双方以反美战争为前提就武器贩卖问题进行了洽谈。正因为如此，布什—切尼政府才迫切希望在伊朗引进能够避免美国导弹攻击的系统前尽快解决伊朗问题。而这也使很多人猜测 11 月美国总统大选前在伊朗发生的闪电式空爆就是美国政府一手策划的。

之前有人认为为帮助对俄罗斯及伊朗采取强硬态度的共和党总统候选人麦凯恩，布什总统有可能出兵攻打伊朗，当然这一猜测并没有变成现实，选举前美国并没有进攻伊朗。但问题并没有解决，美国会否出兵伊朗仍然是个悬而未决的问题。

若美国真的派兵攻打伊朗，那么伊朗到底会如何反击呢？届时，伊朗有可能封锁运输中东石油的油船大量往来的霍尔姆斯海峡吧。那样一来，日本就会受到很大威胁。而且现在缓缓增长的石油价格到那时就会突飞猛涨，一口气从每桶 150 美元上涨到 200 美元吧。

俄罗斯战略核心就是要拥有比美国多 10 倍的核导弹，实现核力量失衡。俄罗斯很有可能会趁美国攻打伊朗之机对周边的美军基地发起攻击。目前，我们正面临由“新冷战”发展成“第三次世界大战”的危险。

俄罗斯与中国的合作机构——“上海合作组织”

中国也不能再保持沉默了。为颠覆美国统治下的世界格局，中国开始和俄罗斯合作。中俄合作的核心机构就是“上海合作组织”(SCO：Shanghai Cooperation Organization)。它由中国、俄罗斯以及苏联的中亚四个加盟共和国共同组成。最初以商讨恐怖主义对策、民族及领土问题为主，后又逐渐向经济军事同盟方向发展，而且还曾邀请印度、蒙古及伊朗参加共同军事演习。

北京奥运会结束后，上海合作组织就在塔吉克斯坦召开首脑会议。当时俄国出兵格鲁吉亚一事已经受到欧美诸国的强烈指责，而齐聚杜尚别的各国首脑仍一致发表声明“俄罗斯的军事行动是可以理解的，我们对此表示支持”。

出席此次会议的俄罗斯代表梅德韦杰夫总统一语惊人：“若以石油和天然气为武器，那么我们将比美国和欧盟诸国都更有回旋余地。”

当前的俄罗斯比起苏联最鼎盛的勃列日涅夫执政时期更加强势，其势力范围已扩展到非洲及中南美洲。而且，用原料价格骤升而获得的大量美金购买了近 1 000 亿美元的美国房屋次级债券，另外还持有 360 亿美元的美国国债。这对美国经济的核心随时可以产生巨大的威胁。

美国总统候选人麦凯恩则多次强调“应将俄罗斯排除在八国集团(G8)之外”。在外人看来，这只是虚张声势罢了，美国经济已然走向衰弱。因为受华尔街金融风暴的拖累，若没有俄罗斯的支持，美国经济甚至将面临崩溃的境地。

如果世界最大的美元海外持有国中国也助俄罗斯一臂之力,那又会产生什么样的状况呢?

作为超级大国君临世界的美国,恐怕也是前途多难吧。俄罗斯和中国不仅大量收购美国房地产,而且还对其军需产业及能源企业发动猛烈进攻。

总之,新冷战时期的战场阵地已转移至金融和能源市场。过去,里根总统为了从内部瓦解“邪恶帝国——苏联”,暗中将大量美元及卢布的伪钞投放到苏联市场。而现如今,俄罗斯为报复美国而拉拢中国,抓住深受次贷危机和国际原油涨价破坏的美国经济的致命弱点,开始展开猛烈攻势。

所以,今后金融危机可能会更加严重。如果世界各国始终无法建立“第二布雷顿森林体系”这一经济新秩序,那么经济将长期不景气,货币战争也可能进一步激化。若全世界都陷入对经济危机的恐慌,那么各国为维护自身利益而可能导致互相之间的对立日益加深。

其后果是美元及其国债将形同废纸。

利用危机不断扩充的军需产业

本国经济正在走向灭亡,而美国的军需产业却在暗地里偷笑。2008年美国武器出口总额高达340亿美元,与前年相比增加45%。美国军用产品输出国前五位分别是阿富汗、沙特阿拉伯、摩洛哥、埃及以及伊拉克。

美国大型军需产业利润纷纷达到了史上最高值。华尔街上投资银行已经销声匿迹,而华盛顿军工复合体依然健在。

美国军工业巨头有洛克希德·马丁、波音、诺思罗普·格鲁曼、通用动力以及雷希恩等公司。

据国防部统计,全世界有 207 个国家和地区在使用美国产的武器和军事系统。全世界都是美国的客户,这不得不叫人惊叹。计算一下暗地里进行的军事交易,其交易额竟高达 2 743 亿美元。

美国表面上对外宣称,美国向海外派兵是为了打击恐怖主义和解决民族纷争,而美国之所以进行军事训练和向外国出售武器是为了支援其他国家的民主势力。而实际上,美国大力发展军需产业是为了帮助政府摆脱巨额财政赤字之苦。

说美国在世界范围内开展的是“死商人”似的贸易也不过分。另一方面,俄罗斯也将国家预算的 40%作为军用开支。如此一来,新冷战格局进一步加剧,即使爆发第三次世界大战也并不是什么意外的事。因为布什和普京都拥有“没有比战争油水更足的贸易了”这一共同价值观。

随着经融危机的进一步扩大,世界不安定因素也在逐渐增加。

不知新上任的奥巴马总统会否削减过度膨胀的军事费用。在俄罗斯不断增加军用开支的时候,美国有可能独自削减军费吗?

美国的军费增减问题会对未来世界形势的变化产生重要的影响。

今后围绕“粮食”与“水”的争夺将更加激烈

引起社会不安定的还有一个原因,第三章已经提到过“粮食”和“水”的不足将使我们的未来前途堪忧。

目前,“地球村”人口约 67 亿。据美国商务部估计,人口迟早突破100亿。而英国牛津大学所进行的模拟实验研究表明:从环境和资源出发,地球人口规模应该控制在30亿左右。

也就是说，若人口超过30亿，粮食和水就会不能满足人类需求。这样说来,地球人口早已超出正常规模几倍以上,人们已经面临无法和谐生活的危险。事实上,世界各地围绕粮食和水的争夺越演越烈。

水战争爆发是在情理之中的。世界水资源确实紧缺得厉害。比如,中国和印度在雅鲁藏布江的争夺就非常激烈。这条河不仅仅是中国和印度的重要水源,同时也是不丹、尼泊尔、巴基斯坦、孟加拉国、缅甸、柬埔寨、老挝、泰国以及越南的重要水源,它掌握着世界47%人口的命运。

目前全世界已有20亿人面临严重的水资源不足问题，这样下去到2050年将有40亿人在缺水的生活中挣扎,所以现在围绕水资源问题,各国矛盾和纠纷不断。

“人口爆炸”一发不可收

日本等部分发达国家人口已经开始出现负增长,但从全球范围来看,总人口还在急剧增长。美国人口也在去年突破3亿大关,其中包括大量墨西哥非法移民,另外,美国国内的伊斯兰教徒人数也在增加。

而且中国和印度之间的“世界人口第一之争”,对世界粮食问题产生了很大的影响。此前,为防止粮食和能源不足,中国一直贯彻实行“计划生育政策”,但如今人口也已突破13亿。

另一方面,正如本章开头所介绍的,出于强烈的竞争意识,印度也对中国不甘示弱。印度政府提倡“人口是国力的象征”,并对人口增长持宽容态度。目前印度人口已经超过11亿,若按此趋势发展,20年后,印度将赶超中国成为世界第一人口大国。

人口持续增长的中国和印度为海外投资者提供了广阔的市场,深受其欢迎。美国和欧洲衰落之后,人口大国自然成为其理想的市场。

过去人口基数大被视为经济增长的桎梏,如今却发生了180度大转变。巨大的人口不仅能够稳定提供廉价劳动力,而且也是一个潜力巨大的消费市场。

中国富裕人口有2 800万,其人均消费水平高于日本。来日游玩的中国游客的购买力逐年递增,今后有望成为日本最大的消费族群。

粮食和能源战争

不管怎么说,以中国和印度为首,世界各国人口的增长使粮食危机愈发严重。几年前两国都是粮食出口大国,而现在每年都不得不紧急进口小麦、大米、玉米、大豆等谷物。

特别是在中国,推动其经济发展的中产阶层正在迅速发展壮大。沿海地区收入丰厚的3亿中产阶层其饮食生活的改变将会产生巨大的影响。除米饭外,面包、肉类、鸡蛋等的食用量也正在飞速增长。

面包的原料是小麦粉,而油脂在小麦加工中是不可或缺的。肉类和蛋类的生产又必须有玉米、大豆等谷物饲料。如此一来,中国现在已成为世界上最大的大豆进口国。

2002年中国对外出口玉米1 500万吨,而2004年则缩减为400万吨,到2005年已从出口国变成进口国。不仅如此,中国还开始进口包括水产品和砂糖在内的几乎所有的粮食和能源。

这样一来,粮食和能源自然也开始紧缺。世界各国随之都产生了各种问题。对冲基金等投机者利用“物以稀为贵”的简单原理炒作粮食价格,导致2007年至2008年初的粮价大幅度上涨,破坏了供求平衡。

而受金融危机影响,投机商纷纷撤回资金,使世界粮价与2008年的峰值相比都有所下降。虽然人们现在都将目光转移到金融危机问题上来,但粮食问题依然存在。特别对于那些低收入国家,由粮食不足而引起的饥荒、营养失调人口将会大幅增加,由此产生的人道援助费用也必将上升。

2008年10月末,世界银行(WB)发表报告称“由于2008年至2009年粮食、谷物价格持续上涨,所以之后会对其进行供需调整,其价格也必将大幅降低”。但是,联合国粮食及农业组织(FAO)、经济合作与开发组织(OECD)、美国农业部(USDA)等组织都一致认为,主要谷物价格在2015年以前都会以高于2004年的价格平稳发展。

但我们也不得不考虑如果受金融危机影响,经济继续萧条,各国政府将会发行大量纸币,从而有可能导致大规模通货膨胀的发生。届时,一度降价的粮食和能源又将进入暴涨期。

再加上世界范围内的“气候异常”现象发生,粮食危机进一步加深。受此影响,目前粮食供求平衡正处于过去30年来最糟糕时期。

正如第三章所说,不用说中国,就连美国的粮食战略储备也已降至其史上最低水平。

日本对“粮食恐慌”毫无准备

对于粮食和能源危机感到最无能为力的就是日本。日本自1950年起就开始经受严重的粮食危机。原料价格上涨导致食品价格也上涨，目前日本进口玉米价格正呈上升趋势，甘蔗和大豆也是如此。

尽管如此，大多数的日本民众并没有在平时的饮食生活中感到危机，反而还在大量浪费粮食，这与世界潮流格格不入。现在已经不是日本能够从容地称自己为“美丽的国家——日本”的时候了。

日本环境部的《循环型社会白皮书》(2005)显示，食品工厂与餐饮店等每年要制造965万吨的剩余食物垃圾。其中竟有一半垃圾可以通过循环利用，变成肥料和饲料，而且还可以成为生物发电的原材料。这一点还能使我们感到一点欣慰。

问题是家庭产生的食物垃圾每年竟可高达1 189万吨，可其中只有2%可以进行循环利用，大部分都作为可燃垃圾而被焚烧。而且这些食品大部分都是花了高额运费从国外进口的。2006开始，日本粮食自给率下降至40%，换言之，7 500万人在吃着外国粮食的同时，一边还无所顾忌地浪费。

1965年日本粮食自给率是73%，也就是说，日本国内需要的3/4粮食都是本国生产的。可是之后粮食自给率一直持续下降。

顺便提一下美国和法国的粮食自给率均超过120%，两国均是粮食出口国。德国的粮食自给率也高达99%，一直实行能够基本满足国民粮食需求量的体制。同其他经合组织各国相比，日本的粮食自给率低得离谱。

在日本，国民赖以生存的粮食居然有60%以上依赖外国。万一赶上外国粮食产地歉收，日本无法获得食材，到那时一切就完了。若海外产量国卷入纷争或战争的时候，日本又该怎么办呢？而且还得考虑日本与海外产粮国之间的运输道路安全无法保障的情况。无论是哪一种状况，结果都是一样的。一旦粮食无法进口，那么日本人就得挨饿。

日本人口仅占世界人口的2%，但农产品进口量却占世界总量的11%，水产品也有23%是进口产品。若粮食市场爆发中国和印度这两个人口大国的龙象之争，那日本将受到难以想象的冲击，届时日本的安定就无从谈起了。

不管怎么说，食品的外国依赖度超过一半的日本极易受到疯牛病、禽流感等世界性食品污染的冲击，还可能遭受转基因食品带来的危害。为了保障日本人的生命安全和维持日常生活，日本人必须重新重视“自产自销”，亲自培育安全的季节食物，提倡饮食的“慢食运动”。

因为继金融危机之后向我们袭来的就是“粮食恐慌”。

“新冷战”和“粮食危机”正在加速发展。我们应该正视这两大危机将同时侵袭没有超级大国的世界这一现实。

大萧条下出口还能存在吗？底部最早也要两年后才显现？

这轮才刚开始的“大恐慌”(第二次大萧条)究竟要持续几年？起初,金融危机逐渐平稳下来,即使全球都陷入了不同程度的经济危机,但主流的观点仍然认为两三年就能迎来经济的复苏。

但是,无论发达国家的首脑们如何举行峰会都找不到任何解决的对策,正当一筹莫展之际又逢世界最大的汽车制造商美国通用汽车公司濒临破产的边缘,进一步表明实体经济已受到波及。

2008 年 11 月 15 日在华盛顿召开的 G20 紧急峰会除了八国集团参加外,还邀请了中国、印度、巴西、韩国和沙特等新兴经济强国的代表出席。

与会的各国领导人针对金融危机的起源以及如何防止其再次发生广泛交换了意见。并提出改善金融监管、厉行金融监督制度等各种解决方案。

但是由于各国对主办国美国仍持有怀疑，峰会闭幕时所发表的所谓宣言也只是对一些基本原则的重复强调。

法国总统萨科奇将矛头直指美元，提出要创造一种新的国际货币。中国作为美国债的最大持有国家亦对美国在此轮危机中的不负责态度表示要采取严厉的姿态。可以说，作为世界基准货币的美元和美国国债其地位已产生严重动摇，人们对其的信心已大不如前。

实际上，相比于半世纪前的鼎盛时期，美元价值一落千丈，其购买力已至少下降到最初的 3 美分。另外，根据财务省的官方报告，美国在世界市场上共发行了超过 2 兆亿美元的国债。不得不说如此空前的规模正是一种恶性通货膨胀的前兆。

直到总统大选投票日美国都尽力回避有关国家破产这种最坏的说辞，并在表面上推出各种挽救金融危机的方案，只待借着奥巴马的获选的契机一举推出全国性的粉饰真相的决算。

如此以往，只会使得美国实体经济一步一步陷入衰退吧。

日本的经济泡沫在经历了 1991 年金融危机开始的“失去的十年”之后，终于在 1999 年组建了不良债权的“债权整理回收机构”，要完全解决所有的不良债权需要花 4 年多的时间。也就是说，日本整整在经济萧条中挣扎了 15 年之久。

而这次始发于美国的金融危机，甚至无法统计不良资产总额，而且其不良资产遍布全世界，已经到了不可收拾的地步。实际上，标准普尔估计，今后 2 年美国的倒闭企业将达到自 1981 年以来的最高值，“底部最少也要到两年后才显现”。

这样一来，何止是看不到“出口”，弄不好经济不景气就会持续 10 年，其间，金融机能无法发挥，粮食与资源价格高涨将不断引发通货膨胀，世界都将进入大恐慌时代。同时，俄罗斯等国会在世界舞台上继续抬头，“新冷战”将进一步发展。

今后市场将会变成由政府控制的市场，若想再次恢复充满活力的自由市场，首先必须振兴实体经济之一的制造产业。可惜美国的制造业已经支离破碎，“超级大国——美国的终结”并非天方夜谭。

如果美国经济真的就这样一蹶不振，那么日本命运将会如何呢？

福田前首相为何突然辞职？

2008年9月以来，世界各地股市如坐云霄飞车似的忽上忽下，反复无常。震源地美国自然不用说，深受金融危机影响的日本投资家也每天随着股市上下而时笑时哭。

尽管现在世界经济全球化，但受始于美国的金钱游戏陷入僵局的影响，敬业度世界闻名的日本企业股价也急剧下落，这还是让人有些难以理解的。

如果能够对异常的股市变动做出正确的预测，或者故意操控涨跌不定的股市，都有可能获得巨大的利益。普通投资家只能随着股市几家欢喜几家愁，而华尔街和华盛顿的一批“政治炼金术师”却在背后使用政治手段。

让我们回想一下2008年9月1日突然辞职的福田康夫首相。他言简意赅地留下一句话“我和你们不同”，意味深长，之后就离开了记者会，事实上福田首相之所以离职据说是因为美国一直对其施压，要求其“提供外汇援助”，而那并不是一笔小数目。

据说日本被要求提供给美国1兆美元，这相当于是把日本所有的美元储备全部交给美国。这比美国政府为缓解金融危机而拨发的7 000亿美元还要多。总而言之，美国自己惹出的乱子却硬要日本来为其善后，而福田首相拒绝了美国打的这一如意算盘。

早在2007年夏，次贷危机问题就已初露端倪，美国政府明白若对其放任不理，那么经济就会崩溃。所以，布什政府的保尔森财长和切尼副总统绞尽脑汁，推敲对策。当时，为拯救陷入经营困难的美国金融机构，美政府做出向市场拨发公款的决定。

接下来的问题就是解决资金源了。美国国库已经陷入亏空状态，随着经济萧条的进一步加剧，通货膨胀进一步扩大，即使美国大量发行纸币，美元价格也只是一味下跌。

于是美国就决定以紧急情况为由，向拥有大量美元储备的中国和日本强行要求提供资金救援。当时中国的国家主权财富基金(SWF)正在积极利用外汇投资美国各大投资银行及住宅。日本政府态度谨慎，在受到来自美国的压力后，以金融厅的金融市场战略小组为主就对美支援的关键问题——“投入100兆日元”进行讨论研究。

而福田前首相组织了金融厅的这一讨论。

他认为，就算是同盟国，这个要求也太过分了。就算日本再怎么老好人，也不能接受无理的要求。

福田表现得非常顽固。对这个那个前来替布什说话的部下都坚决说“不”。最后他终于忍无可忍，面对美国的纠缠不休，辞去了首相一职。有传闻说这就是福田辞职的真相。在辞去首相一职后，对其批判不绝于耳，但没有做任何辩解的福田前首相也许是一位真正的武士。

福田前首相突然辞职的真相? 2008 年 9 月 1 日卸任记者会（图 / 东方 IC）

那么新上任的麻生太郎首相将会如何抉择呢？以“惊人的日本”、“自由与繁荣之弧”为口号的麻绳首相想必是要从正面解决金融危机了吧。

麻生首相将始发于美国的金融危机定义为“金融灾害”。此次金融危机是“百年一遇的暴风雨”，为保障国民生活，他提议全力以赴应对危机，态度显得非常强势。同时他还直言不讳地批评美国，由次贷问题引发的金融危机暴露了美国在证券化商品的所有阶段都有违规操作。此外，他还提出目前各国的监督机构都无法实施风险管理，并明确表示日本应在国际性危机封锁作战中发挥领导作用。

规范评级机构的管理体制,并致力于建设亚洲自己的评级机构。总而言之,要同亚洲及全世界联合起来,共同组建防止美国经济衰落的机构。这和福田前首相的做法形成鲜明对比。

麻生与奥巴马的博弈,胜负令人期待。

美国是“借”出来的国家

美元贬值意味着美国的衰退,反过来也可以说,若美元不再是世界主要通货,那么美国无疑正在衰退。只要你手里握着美元,走到哪都可以购物,可以说美元就是美国力量的源泉。

所以若美国想阻止经济下滑,继续保持世界超级大国地位,首先要做的就是保住美元。但正如我们所见的,现在美国正陷入国家破产的危险,应对金融危机所必要的资金不得不靠大量印刷纸币来获得。这样下去,不久美元就会在世界市场上泛滥,随着其他国家经济的复苏,美元将无可避免地持续贬值。

观察一下不难发现美国若没有了金融业和IT业,那么所剩下的本国产业就只有服务业和军需产业,其他所有的产业都是在向其他国家“借”的基础上成立的。在世界范围内吸收人力、物力和技术等,再利用这些聚敛财富,史上最罕见的超级大国就是这样建立起来的。历史上几乎没有任何一个国家像美国这样作为“债务大国”长期统治世界。

从实际贷款总额(双赤字)来说,极有可能欠债不还的国家的国债居然在评定等级中仍然能获得“三A”(AAA),这一点谁也无法解释。

诚如大家所见，当前的美国国债量与现实偿还能力相背离,若要使两者一致,要么如实评定等级,要么严格按照评定原则来评定现状。其实不管选择哪个都意味着美国向世人宣告国家破产。不知奥巴马新总统是否有面对如此严峻现实的觉悟。

2003 年发行“新版美元纸币”的意义

事实上 2003 年美国曾发行“新版 20 美元纸币”。美国造币局宣称发行新版 20 美元纸币是为了防止假币。

最近随着数字技术的发展,假美钞和真美钞几乎真假难辨。如据美国财政部监督监察局调查,1995 年美国国内查获的假币中只有 1%是利用数字技术,而 2002 年数字技术利用率高达 40%。识别假币成为一件难事,所以才不得不建立一套防伪系统。

为防止伪钞,新版 20 美元纸币有 3 个设计。

第一是精巧的水印模样。类似于肖像画的水印,对着光两面都清晰可见。第二是伪造防止线,原理与水印一样,纸币里嵌了一条塑料竖线,对着光就能看见。而且在线上还写有“USA TWENTY”的字样以及画有小旗。第三是使用变色反光油墨。

所谓变色反光油墨是指依据视角发生颜色变化。据说新版 20 美元纸币微微倾斜,上下移动,右下角的“20”就会从古铜色(赤褐色)变成绿色。

而我们不得不考虑的是新版 20 美元纸币的发行仅仅是为了防止假币吗?

事实上，市场上流通的假币与假币制造技术的发展成反比,比美国当局宣布的数量要少得多。调查报告显示,2000 年前后,除北朝鲜情况特殊外，其他市场上流通的假币仅占美元纸币总数的 0.01%～0.02%。那么美国发行新版 20 美元纸币的真正目的到底是什么呢？

有一种说法是美国发行新纸币目的是为使美元重新成为兑换货币而做准备。

恢复美元与黄金自由兑换，海外美元将一文不值

1971 年，当时的尼克松总统发表一项决议，规定“今后，‘黄金’与‘美元’将不能自由兑换”。此前根据往“布雷顿森林体系”，美元是“黄金”的等值货币，美元价值就是由黄金做保障的。而尼克松总统事前没有同任何国家及国际组织商量就擅自宣布“停止美元与黄金的自由兑换”，这一“尼克松冲击”（也称美元冲击）对于世界各国来说都是个晴天霹雳。

受尼克松冲击影响，美元价格大幅度下降。而此前世界各国都拼命储存美元，随着美元贬值，这些国家手中持有的美元储备也开始变得不值钱。欧洲各国、日本、出售石油而获得美元的阿拉伯产油国等都是这一冲击的受害者。特别是损失最严重的阿拉伯等产油国，为了弥补损失，这些国家引发石油危机，一下子将石油价格炒高 4 倍。

同时，欧洲各国也纷纷对美国的这一骗局感到愤怒，还有人说这就是欧洲各国形成欧盟，使用欧元的原因。

总而言之，只有美国受惠的尼克松冲击使美国大幅度减少因陷入越南战争泥沼而逐渐扩大的财政赤字。

自那以后，没有黄金做“担保”的美元大量发行，固定汇率制被

2003 年发行的 20 美元纸币(美国印刷局官网图片)

浮动汇率制所替代。

这样看来,前面提到的再次使新美元成为能够与黄金自由兑换的纸币对美国而言并不是上策。但事实上这是美国的又一个阴谋。即并不是完全恢复金本位体制,而是令一部分美元能够与黄金自由兑换。

比如,伴随新美元纸币的发行,蓝色纸币面值的 1/4 一度与“黄金”等值。当然并不仅限于 1/4,1/5 也行,1/10 也行。

打比方说按面值的 1/10 能够兑换黄金来计算,那么 100 美元中有 10 美分可以用黄金来填补,这样一来通货价格就上涨了。因为若“黄金”的价值比美元高出 10 倍,那么还是持有美元比较好。

另外,若美国能够再出第二招,即在尼克松冲击的同时发表如下宣言,那么美国就能漂亮地赢得美元保卫战的胜利。

“关于之前使用的绿背纸币,美国国民能够无限量地和蓝色纸币通用,所以持有绿背纸币的人无需进行任何兑换。但不接受外国流通的绿背纸币需兑换成蓝色纸币。”

如此一来,美国就有可能最终实现国内国外美元的分离。也就是说，外国流通的绿背纸币只是破纸一张，没有与黄金兑换的功能，这与具有部分兑换功能的蓝色纸币之间就形成了外汇汇率差。绿背纸币贬值，原先的1美元现如今已经价值不到1美元了。

这听起来好像是在变魔术，但这方法并不是什么新鲜招术，通过发行新美元，美国的外债应该都能蒸发掉吧。

掺水的20兆美元外债的去向

通行新纸币使国内外美元分离的效果体现在美国国债上。美国已经发行超过2兆美元的纸币以此来抵消国债，这次的金融危机使美国信用一落千丈，陷入没有买家的危机。为摆脱危机而推行的分离政策之后所发行的新国债自然价格回升，而旧国债则大幅度下跌。当然旧国债还是能够得到偿还，只是这是旧美元时期发行的，所以偿还也只能用已经一文不值的旧美元来进行。这样一来，日本所持有的美国国债也变成了废纸。而中国、俄罗斯以及沙特阿拉伯等中东各国的美元储备也烟消云散。

在实施内外分离政策的同时进行“缩小货币面值”（货币面值的转换），届时将使史无前例的通货再生成为可能。

比如，美国政府对金融机构实施一天的“银行休假”（停止付款）。只要金融恐慌达到一定程度，就会让银行休假一天。而且这个时候就会发行面值较小的新货币，新币与旧币兑换率为“1∶2”。如此一来，以这天为分界线，旧美元的价值下降一半。

大家会以为美国这样做会激怒国民，进而引发暴动，但事实上却并不是这样。

因为对于美国国民而言，原先用旧币“2美元”的物品从那天开始用新币“1 美元”就能买到手,工资和存款都只是换一种说法,旧币“2 美元”和新币“1 美元”是等值的。但对于之前购买了美国国债的其他国家而言,美元储备缩水一半。

正是因为美国没有任何预兆地就实行这种毫无道理的“金融恐怖主义”,才会同俄罗斯和中国发生矛盾。

美国控制世界“黄金”

事实上,美国是世界上最大的持“金”国。只是关于其黄金持有量从未公布过,世界各国也无法计算。但我们可以推断出现在人类所发掘的“黄金”其生产量仅在 12 万吨至 15 万吨之间。这相当于三个标准游泳池,也就是说,全世界的黄金只能填满三个游泳池而已。

为数不多的黄金价格一直以来都是由伦敦市场(通称本地伦敦金)规定的。1666 年伦敦建成世界上最古老的“黄金”的现货金交易市场,洛希尔父子有限公司在其俗称“洛希尔的黄金屋”里所进行的黄金交易(被称为钓鱼)左右着世界黄金价格。在这里聚集了洛希尔父子有限公司、德国银行、加拿大丰业银行、香港汇丰银行(HSBC)四大贵金属商,一天进行两次黄金买卖。

另一方面,美国的纽约商品交易所(COMEX)将“黄金”作为期货交易。1974 年 12 月 31 日,尼克松冲击三年后,“黄金”在 COMEX 正式上市。实际上,美国对世界黄金价格的控制就是从这个时候开始的。

也就是说,美国能够控制世界金价,同时又是世界上拥有最大黄金量的国家,客观上说是有可能实行上面所提到过的通货再生操作的。

美国原先采取的是“金本位制”。

第一次世界大战中,美国从欧洲攫取了大量的"黄金"。正是在那个时候美元一下子信用度大幅度提高,第一次世界大战结束后,美元信用借势得以扶摇直上,和英镑并肩成为以金本位为基础的世界基准货币。

但第一次世界大战后,英国国力凋敝,英镑衰退,世界霸权完全落入美国之手,世界"黄金"也全都流入美国。美国致力于"黄金"的积累。

但美国的黄金积累一度因金融危机而停止。1932 年取代共和党成为新总统的民主党人罗斯福于 1933 年 3 月宣布废除金本位制。那时,不仅禁止"黄金"出口,甚至还禁止个人拥有"黄金","黄金"实质上已经国有化了。

1934 年黄金的官方价格被定为 1 盎司(约 28.35 克)黄金等于 35 美元,直到 1971 年的尼克松政府废除美元与黄金之间的固定比价前这种挂钩方式一直通行世界。

第二次世界大战也是一个世界"黄金"流入美国的契机。据说美国的黄金储量鼎盛期是在 1948 年,当时"黄金"持有量达到 22 000 万吨。

不管怎么说,自尼克松冲击后,根据 1971 年 12 月的《史密森学会协议》,黄金价格实现完全自由化。1974 年在纽约成立黄金期货市场,自此美国完全掌握了黄金价格的决定权。

格林斯潘主张恢复金本位制

美国拥有"黄金"这一强有力武器做后盾,每次发生金融危机都会讨论是否要恢复金本位制。

比如，共和党保守派参议员杰西·赫尔姆斯提出的《黄金约款法》于1977年在议会通过。根据此法，在签订合约时可以有允许用“黄金”支付这项条款。也就是说，这一法律的通过，恢复了“黄金”的货币职能。

20世纪80年代的里根时期，成立了“黄金委员会”，就恢复金本位制问题展开了激烈的讨论。讨论结果反对票最终以“9∶8”取得胜利，恢复金本位制的提议被否决了。

黄金委员会提出了几个注意事项。首先，今后金本位制仍然是讨论课题。其次，财政部不明确标明美元金额，却发行仍然是生金的非法定货币“黄金”（金币），这样做是不妥当的。最后，不应该征收此类“金、生金、金币”的贸易税及资本收益税。

这些提议自然并没有实施，但这些提议的提出本身就意味着“黄金”仍然具有货币职能。因此，1986年美国发行“鹰扬金币”，加拿大发行了“枫叶金币”，深受投资商的欢迎。

前美国联邦储备委员会（FRB）主席格林斯潘其实是一位金本位制拥护者。1981年9月，格林斯潘任民间经济顾问时曾在《华尔街日报》上发表“财务部发行符合《黄金约款法》的财政部证券”的提议。简言之，其主张美国国债最后用黄金来偿还。这使债券所对应的偿还基础为黄金而不是美元。

之后，格林斯潘一有机会就会提一下金本位制，他极力主张“金本位制是非常可靠的体系”。可能是他深切地体会到一国的流通货币需要有价值保证，不然财政就会混乱不堪吧。

“黄金”价格在华尔街崩溃前半年，即2008年3月时1盎司黄金相当于1 020.80美元，价格达到顶峰，之后就一直下降。黄金价格持续低迷，连续11个月1盎司黄金只相当于736美元，直到9月雷曼冲击发生后才开始迅速回升，1盎司黄金超过900美元。之后，由于一部分金融机构不得不保留现金，所以黄金价格的上涨才稍作休息。

而现阶段的黄金购买可以说是“临时购买”，众多相关人士都认为现在以美元为首，各国的货币都在贬值，但今后肯定会回升。

1999年，黄金价格只有1盎司253美元，欧洲十五大中央银行齐聚华盛顿召开会议，达成了《华盛顿协议》，规定对“黄金”的出售与租赁额度设限，此后黄金价格就一直保持上涨趋势。

通货政策中，“受控货币制度”是最容易操作的，“金本位制”虽然如格林斯潘所言，确实比较可靠，但真正实施却比较困难。

若实施金本位制，那么中央银行不得不经常调节“黄金”与流通货币之间的平衡。因此对于美国而言，只要美元仍然具有信用度，那么还是不实行金本位制得好。可惜现在全世界都对美元失去了信任，恐怕已经到了无法选择孰好孰坏的地步了。

美国策划的北美新货币——“亚梅洛”的冲击

正如本书之前所分析的那样，今后将没有美国这个超级大国，整个世界将与20世纪截然不同。

在粮食、能源、气候变动、新冷战等危机四伏的同时，经济还将长期处于低迷。世界超级大国不复存在，之前的市场经济也将改头换面，不属于资本主义的“国家统治经济”将在全球范围内发展。那真是一个名副其实的未知世界。

不管怎么说，经济濒临灭亡的美国很有可能为了起死回生而采

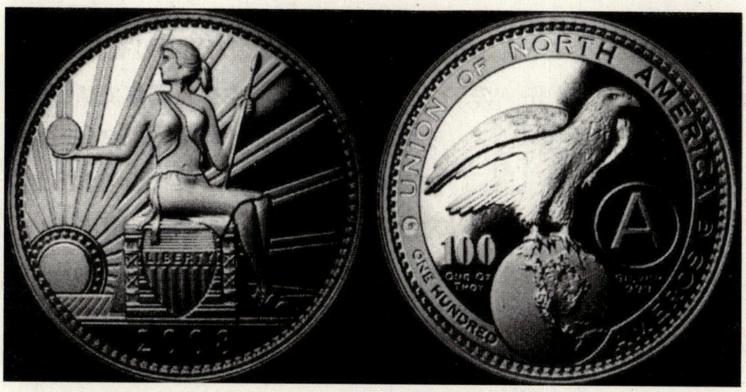

在网上公布的“北美联合国”新货币“亚梅洛”(AMERO)

取非常手段，甚至可能正在秘密策划如何反过来利用这次金融危机,激活美国经济。

美国企图到2020年将现金交易减少10%，这一构思与微软公司总裁比尔·盖茨正在研发的数字工程方式有关。现在纸币和硬币上都附有病原体,流通只会使病毒进一步蔓延,所以最好的方法就是废除纸币。然后普及人体嵌入式芯片,即将“随身钱包”植入人体,最终消灭所有实物货币,取而代之的是电子货币(虚拟货币)。美国正在策划这一令人“瞠目结舌”的计划。

为实现最终目标,首先必须废除已经失信的美元。也就是说,美国先使美元成为废纸，之后再发行新货币，即被称为“亚梅洛”(AMERO)的北美元。

与前面提到过的“发行面值较小的新美元计划”相比,这一计划更有可能成为现实,因为现在美国正在就这一计划展开讨论。洛克菲勒财团赞助的“外交评议会”将成为这项计划的领头羊。CFR国际经济部长佩恩·斯特在国际问题的权威杂志《外交》上发表了一篇论文,文中就有关于这一计划的描述。论文的题目为《国家通货的终结》。

文中主要介绍美元、欧元、日元等货币的使命和寿命都正在走向终点。他认为“国家管理通货是金融民族主义的温床,是世界经济一体化发展的绊脚石”。所以“为使世界经济能够顺利运转,各国应该废除本国通货,发行新的共通货币,从而实现经济一体化”。

以佩恩·斯特的这一主张为导火线,美国为实现计划而着手进行部署。首先第一步就是推出NAFTA(北美自由经济圈:加拿大、美国、墨西哥)内流通的共同货币“亚梅洛”。随着“亚梅洛”的推广,从本质上消灭美利坚合众国,建立加拿大、美国、墨西哥为一体的北美联合国(Union of North America)。

总而言之,归根到底美国的目的在于一方面使债务累累的美国从地球上消失,一方面成立新国家“北美联合国”。

日本主导建立新规则

取消现行美元,发行新货币能使美国抵消外债,这对于美国来说是一件乐事。当然,“北美联合国”会在一定程度上承担美利坚合众国的债务,但利用新货币“亚梅洛”与旧美元之间的汇率差,美国的外债负担会大幅度减轻。

这样一来,通过贸易和投资积累了大量美元外汇的日本和中国将会蒙受巨大损失。

而美国是一个依据情况不择手段的国家。回想一下尼克松总统一句话就使昨天为止还在进行的美元与黄金兑换一下子就成为了泡影,不难看出这次的“亚梅洛”计划也并不仅仅是发行新货币那么简单。

如前所述，美国的国家财政正面临破产危机，所以这次的金融危机也可能是一次新体制诞生的转机，是美国“起死回生的赌博”。为了将来的复活，先上演一出自我毁灭的戏码。

密切关注美国动态的俄罗斯经情报机构调查，发现“美国财政部只把发行新货币亚梅洛这一消息提前通知最大美元持有国——中国”。而美元持有量排名第二位的日本和第三位的俄罗斯事前没有收到任何消息。

第二章我们谈论了“货币多极化”趋势，而美国为顺应这一发展潮流，积极在世界范围内创建地区货币。

比如，为促进资源丰富的非洲大陆经济一体化，由南非中央银行主要负责，准备发行名为“金曼德拉”的非洲地区共同货币，目标在2010年正式使用该货币。另一方面，与非洲相同，中南美地区也以巴西为中心正在进行发行共同货币的筹备工作。

此外，如第二章所述，中东地区正准备建立“海湾元”(海湾阿拉伯国家合作委员会)。

这样下去，日元最终将淹没在这些地区共同货币中。对于曾经标榜日元国际化的日本而言，不久的将来本国货币将被国际社会所遗弃，这是何等的噩梦啊。

但噩梦般的现实正在迅速发展。事前谁能想到2008年9月华尔街竟然面临崩溃的边缘。

为了避免卷入迎面逼来的巨大的金融海啸，日本应尽早建立以日元为基础的防波堤。

而且我们不能忽略这一点，那就是整个20世纪，美国在历次的资本主义游戏中都是长胜将军。在越南战争和伊拉克战争等实际战争中有过失败，但在经济大战中从未有过败绩。

这是因为美国作为游戏的庄家，一旦形势不妙就会改变规则。

现在，基于市场原理的新自由主义经济和赌场经济等金钱游戏眼看就要完结了。美国将在新总统的带领下再一次想办法改变规则。

日本如果不想引火烧身的话，就必须阻止美国任意制定规则，建立新的国际经济组织。

美国作为世界唯一的超级大国的时代已经终结了。为救助本国的金融危机,必须从世界各国获得紧急救援,现在的美国没有了昔日的荣光,有的只是谎言和贪婪。美国对外宣称其过去 10 年来一直维持平均 3%的经济增长率,但这只是一个伪数据。因为 10 年间拉动美国经济增长的是美国国民的个人消费,而这些消费是基于超过 3 兆美元的贷款基础上的。无论买房还是买车,美国人几乎所有的购买行为都是依靠贷款来完成的。从这点来说,次贷危机的爆发只是“冰山一角”。

现在,这个由谎言堆砌起来的金钱游戏终于崩溃了。事实上,个人和企业都是一丘之貉。作为经济基础的制造业一半以上是依赖海外而生的,单一的金融致富这一贸易模式的终点是堆挤如山的债务和不安。现在美国只能依赖经济增长显著的中国、技术和制造实力强大的日本以及因石油涨价而富裕的俄罗斯,这些国家的资金援助成为美国的救命稻草。

可中国、俄罗斯等新兴市场受始发于美国的金融危机的影响，正处于困难重重的状态。美元及巨额国债使世界对美国失去了信任。美国的政策制定者正在为美国经济起死回生而准备发行新的流通货币。话虽如此，但就算美国获得加拿大提供的资源以及墨西哥提供的劳动力，垂死的美国经济也未必会有转机。无论是恢复金本位制，还是发行被称为“亚梅洛”的北美元等，这些都只是“沙上楼阁”。

如果美国之前能够巩固自国产业基础，确保雇佣场所，那么就不可能会发生现在的危机了。现如今，甚至连美国通用汽车公司(GM)以及福特汽车公司等都已经深陷经营危机泥沼。对于感染了金钱游戏这一病毒的美国，以生产等基础经济活动见长的日本应该助美国一臂之力吧。

美国想通过发行没有价值保障的新货币来抵消贷款，从而摆脱金融大灾害。日本应该抓住这次百年都不见得一遇的“重组与美国的关系”的机会，与提倡“改变”(变革)的新总统奥巴马平等对抗，为帮助其经济复苏活用日本的技术、资金以及信用优势，同时还应主动提出国际援美政策。

2008 年 11 月

浜田和幸